KB212516

하나님의

영적 회복을 위한 비밀 열쇠

미소

하나님의 미소

지은이 | 서정복
초판 발행 | 2018년 10월 20일

발행처 | 도서출판 글방예닮
등록번호 | 제 201-1000-040
등록된 곳 | 경기도 성남시 중원구 사기막골로45번길 14
            우림라이온스밸리2차 A동 1212호
e-mail | admin@iyedam.kr
Tel | 02-529-4003
Fax | 02-529-4012
디자인 | 꿈마을예닮

❙값 15,000원
  ISBN 979-11-87660-03-3(03230)
❙이 책의 성경 본문은 개역개정판을 사용했습니다.

이 도서의 국립중앙도서관 출판예정도서목록(CIP)은 서지
정보유통지원시스템 홈페이지(http://seoji.nl.go.kr)와 국
가자료종합목록시스템(http://www.nl.go.kr/kolisnet)에서
이용하실 수 있습니다. (CIP제어번호 : CIP2018032656)

영적 회복을 위한 비밀 열쇠

하나님의 미소

서정복 목사 지음

도서 글방
출판 예닮

하나님 앞으로
더 가까이

　세상 속에서 살면서 하나님의 뜻을 분별하고, 죄악에 빠지지 않으려면 무언가 바로 보는 데 도움이 되는 안경이 필요합니다. 항상 끼고 다니지 않더라도 필요할 때마다 끼고 주변을 돌아보고, 감을 잡을 수 있는 그런 안경이 필요한 시대입니다. 개인적으로 그런 안경의 필요성을 느끼고 평소에 강조했었는데, 이 책이 바로 그 역할을 해주기를 기대하는 마음으로 출판을 하게 되었습니다.

한국 사람은 김치찌개나 된장찌개 맛을 잘 압니다. 자주 먹어보았기 때문입니다. 그러나 다른 나라에서 생소한 음식을 먹을 때는 맛을 제대로 알지 못합니다. 그 이유는 자주 먹어보지 않았기 때문입니다. 맛을 알기 위해서는 자주 접해야 한다는 것입니다.

마찬가지로 1시간 기도하고도 더 기도하고 싶은 마음이 생기는 사람이 있습니다. 그 사람은 기도의 맛을 아는 사람입니다. 또한 말씀을 여러 번 반복해서 듣고도 또 듣는 사람이 있습니다. 말씀의 맛을 아는 사람입니다. 가까이 가서 자주 접해보면 그 맛을 알게 되는 것입니다.

다윗은 광야에서 도망 다닐 때 많은 문제를 안고 있었습니다. 그러나 다윗의 고백과 찬양은 온통 하나님으로 가득 차 있었습니다. 하나님께 가까이 가 있었기 때문입니다. 사울 왕과 이스라엘이 골리앗으로 인해 두려워 떨고 있을 때, 다윗이 담대했던 이유는 하나님과 날마다 가까이 했기 때문입니다. 모세가 그토록 강력할 수 있었던 이유 역시 하나님과의 교제, 하나님과의 거리에 그 비밀이 있었습니다. 이에 대해 성경은 "그 후에는 이스라엘에 모세와 같은 선지자가 일어나지 못하였나니 모세는 여호와께서 대면하여 아시던 자요"(신 34:10)라고 기록하고 있습니다.

출판을 앞두고 마음속에 여러 가지 두려움과 걱정이 있었고, 그로 인해 하나님과의 거리를 확보하기 위해 몸부림쳤습니다. 두려움을 이기고 능력을 얻기 위해서는 날마다 하나님께 가까이 가야 했습니다. 매일매일 시간을 내어 말씀을 묵상하고, 충분한 기도의 시간을 가지기 위해 노력하고, 아무리 바빠도 예배의 자리를 놓치지 않았습니다.

이 책을 통해 하나님 앞으로 더 가까이 가게 된다면, 우리의 가정과 교회가 더욱더 든든히 세워져가고, 이 땅이 회복되는 놀라운 은혜의 역사가 일어날 줄 믿습니다. 하나님의 용사로서 택함 받은 그리스도인들의 담대한 자신감은 하나님과의 거리에 그 뿌리가 있다는 것을 절대로 잊어서는 안 될 것입니다. 이 책을 읽는 동안 하나님과 더욱 가까워지기를 바랍니다.

"하나님을 가까이하라 그리하면 너희를 가까이하시리라"(약 4:8).

남원중앙교회 목양실에서 **서 정 복** 목사

God's smile

목차

PART
01

나를

돌아보는

시간

골리앗을 만난 사람

삼상 17:21~28

미국의 경제전문지 《포브스》에 따르면 미국 내 400대 부자 가운데 108명이 대학 졸업장이 없다고 합니다. 그렇다면 그들의 성공 요인은 무엇이었을까요? 바로 자신의 한계, 인간의 한계를 뛰어넘은 사람들이라는 것입니다.

사람들은 저마다 스스로가 정해 놓은 한계를 가지고 살아갑니다. 저의 경우 하루에 최소한 얼마 이상은 잠을 자야 한다는 한계를 둡니다. 수면이 부족하면 주어진 일에 집중하기가 힘들어지기 때문입니다. 또 어떤 사람은 아무리 바빠도 일을 몇 시간 이상 지속하면 결국에는 탈이 난다고 이야기합니다. 따라서 무리하지 않는 선에게 주어진 일들만을 맡아 하겠다는 것입니다. 자신의 체력, 활동 범위, 기억력 등에도 한계를 정해놓고 그것을 넘어서는 일에 대해서는 '능력 밖의 일'이라며 경계합니다. 일반적인 우리들의 모습입니다.

그러나 사무엘상 17장에 소개되는 다윗은 좀 달랐던 것 같습니다. 당시 내용을 살펴보면 이스라엘과 블레셋이 전쟁을 치르고 있었습니다. 이스라엘에게 이 전쟁은 매우 중요했기 때문에 사울 왕이 앞장서서 진두지휘했던 것 같습니다. 그런데 이스라엘이 블레셋 군대에게 밀립니다. 그 이유는 바로 블레셋에는 2m 90㎝의 키에 갑옷을 입고 투구를 쓴, 다리에는 보호대를 차고 어깨에는 칼과 단창을 멘 골리앗이라는 사람이 있었기 때문입니다. 그는 어렸을 때부터 최고의 용사 교육을 받은 사람이었으며 그로 인해 누구도 앞으로 나아가지 못하고 밀리는 상황이었습니다.

이때 골리앗을 만난 이스라엘 백성 중에는 세 종류의 사람이 있었습니다. 첫째로 도전할 용기가 없는 사람입니다. 본문 25절 말씀에 보면, 사울 왕이 백성들에게 제안한 내용이 나옵니다.

"너희가 이 올라온 사람을 보았느냐 참으로 이스라엘을 모욕하러 왔도다 그를 죽이는 사람은 왕이 많은 재물로 부하게 하고 그의 딸을 그에게 주고 그 아버지의 집을 이스라엘 중에서 세금을 면제하게 하시리라."

어떻게 보면 인생역전의 기회입니다. 분명 이 말을 들은 사람들 중에는 궁핍한 사람, 신분이 낮은 사람들도 있었을 것입니다. 그렇다면 이러한 조건은 절호의 기회입니다. 믿음으로 나아가 골리앗과 싸우기만 하면, 그래서 이기기만 하면 로또를 맞는 것보다 더한 인생역전이 이뤄지는 것입니다. 그러나 사람들은 어떻게 반응합니까? 24절 말씀에 보면 "이스라엘 모든 사람이 그 사람을 보고 심히 두려

위하여 그 앞에서 도망하며"라고 합니다. 골리앗을 보고 도망가 버렸다는 것입니다. 싸워보려고도 하지 않고, 거인을 보고는 다 두려워서 도망가 버리더란 이야기입니다. 도전할 용기조차 내지 않았습니다.

그들은 결국 주어진 기회를 놓치고 맙니다. 우리는 기억해야 합니다. 기회는 도전하는 사람에게 찾아옵니다. 도전하는 사람만이 승리의 기쁨을 맛볼 수 있습니다.

우리 주변에도 이처럼 안타까운 사람들이 있습니다. 될 만한 이유를 찾아야 하는데 꼭 안 되는 이유만을 생각합니다. 안 되는 것만 묵상하고 안 되는 것만 자꾸 말하는 사람들이 있습니다. 그러나 이것은 한마디로 포기하는 것과 다르지 않습니다. 도전할 용기가 없는 것입니다.

실패를 두려워하는 사람은 아무것도 할 수 없습니다. 도전해서 실패한다 하더라도 그 실패를 통해 얻는 배움이 있음을 믿어야 합니다. 내가 이걸 과연 할 수 있을까, 하는 겁부터 먹지 말고 '하면 된다! 할 수 있다! 한번 해보자!' 라는 마음으로 주어진 일들을 시작해보시기 바랍니다.

둘째로 비판하며 용기를 꺾는 사람이 있었습니다. 한번 해보겠다는 사람 앞에 "야, 네가 그거 할 거 같아? 내가 옛날에 해봤는데 안 될 걸"이라며 용기를 꺾어버리고 비판합니다. "네 까짓게 뭘 할 줄

안다고"라면서 기를 죽이는 사람들이 있습니다. 그런데 아이러니하게도 이런 사람들 대부분이 가까이에 있는 사람들이라는 것입니다. 가족이 될 수도 있고, 교회 성도들이 될 수도 있습니다. 가까운 사람들이 나를 더 힘들게 만들 수 있음을 기억해야 합니다.

본문 28절에 보면 "큰형 엘리압이 다윗이 사람들에게 한 말을 들은지라 그가 다윗에게 노를 발하여 이르되 네가 어찌하여 이리로 내려왔느냐 들에 있는 양들을 누구에게 맡겼느냐 나는 네 교만과 네 마음의 완악함을 아노니 네가 전쟁을 구경하러 왔도다"라고 기록하고 있습니다. 지금 다윗은 '그래, 내가 나가서 골리앗과 싸워야겠다'라는 생각으로 나서려고 하는데, 큰형이 "너는 진짜 교만해. 네 마음이 완악하구나. 너 전쟁 구경하러 왔지? 이런 나쁜 놈!" 하면서 화를 버럭 내버린 것입니다.

자신은 못 하면서 남이 하려고 하면 가로막는 사람들이 있습니다. 본인은 시도조차 못 하면서 큰맘 먹고 도전해보려는 사람을 비판하고 그 사람의 기를 꺾어버리는 말을 하는 사람들이 있습니다. 특히, 엘리압처럼 가까운 사람일수록 더욱 그러기가 쉽습니다. 아예 거리가 먼 사람, 나와 관계가 없는 사람에게는 영향을 크게 안 받습니다. 하지만 가까운 사람, 많은 교제를 나눈 사람이 "야! 그거 뭐하러 하려고 해"라고 말하면 거기에 마음을 빼앗기게 마련입니다. 그러나 우리는 기억해야 합니다. 하고자 하는 믿음이 있다면 주변의 낙심케 하는 말들 앞에서도 과감하게 도전할 수 있어야 합니다. 반대로 주변에서 무언가를 하려고 한다면, 그 사람의 장점을 바라봐주고 칭찬과 격려와 박수를 아끼지 말아야 합니다. 그것이 믿음입니다.

셋째로 믿음으로 당당하게 도전한 사람이 있었습니다. 이스라엘의 모든 사람은 두려움으로 인해 도전할 마음조차 없었습니다. 그런데 소년 다윗은 달랐습니다. 32절에 이렇게 이야기합니다.

"다윗이 사울에게 말하되 그로 말미암아 사람이 낙담하지 말 것이라 주의 종이 가서 저 블레셋 사람과 싸우리이다."

다윗이 사울 왕에게 "왕이여, 저 블레셋 사람 때문에 낙담하지 마세요. 내가 가서 싸우겠습니다"라고 이야기합니다. 어린 소년인 다윗이 왕에게 이런 말을 했다는 것입니다. 왕이 백성들을 향해 "백성들이여, 안심하세요. 내가 맞서 싸우겠습니다"라고 해야 옳지 않겠습니까? 그런데 거꾸로 어린 소년이 왕에게 낙담하지 말라고 이야기합니다. 반면 사울 왕은 다윗에게 뭐라고 이야기합니까?

"사울이 다윗에게 이르되 네가 가서 저 블레셋 사람과 싸울 수 없으리니 너는 소년이요 그는 어려서부터 용사임이니라"(33절).

골리앗은 어려서부터 용사였다고 이야기합니다. 인간의 눈으로 볼 때 다윗에게는 육체의 한계가 딱 정해져 있었습니다. 인간의 생각으로 다윗은 절대로 골리앗을 이길 수 없었습니다. 이것이 인간이 보는 한계입니다.

사울은 스스로 한계를 인정하면서도 나서는 사람이 없자 하는 수 없이 다윗을 골리앗 앞으로 내보냅니다. "다윗, 네가 나가되 내가 투구와 갑옷을 빌려줄게. 내 칼도 줄 테니 가지고 나가 봐라"라고 합니다. 그러나 어른 옷이 작은 다윗에게 맞을 리가 없었습니다. 결국 다윗은 모두 다 벗어버리고, 막대기 하나와 물맷돌 다섯 개만을 가지고 골리앗 앞에 당당히 맞섭니다.

여기에서 우리는 생각해봐야 합니다. 모두가 현실을 부정하며 한계를 두는 그때, 어린 다윗이 골리앗과 싸우려 했던 데에는 어떤 이유가 있었을까요? 다윗을 움직인 데에는 외부적인 요인과 내부적인 요인이 있었던 것 같습니다.

"오늘 여호와께서 너를 내 손에 넘기시리니 내가 너를 쳐서 네 목을 베고 블레셋 군대의 시체를 오늘 공중의 새와 땅의 들짐승들에게 주어 온 땅으로 이스라엘에 하나님이 계신 줄을 알게 하겠고"(46절).

다윗은 자신이 골리앗을 이겨서 블레셋 사람들에게 하나님이 정말로 살아계시고, 하나님이 이스라엘 백성들을 돌보시고, 지금도 역사하고 계신다는 것을 보여주고 싶어 했습니다. 외부적인 요인입니다.

"또 여호와의 구원하심이 칼과 창에 있지 아니함을 이 무리에게 알게 하리라 전쟁은 여호와께 속한 것인즉 그가 너희를 우리 손에 넘기시리라"(47절).

또한 다윗은 무서워 떨며 도망가는 국민들에게, 눈에 보이는 거인의 칼과 창에 우리의 구원이 놓인 것이 아니고 모든 전쟁의 승패는 하나님께 달려 있다는 것을 내부적으로 가르쳐주고 싶었습니다. 다윗이 블레셋 사람을 향해 "너는 칼과 창과 단창으로 내게 나아오거니와 나는 만군의 여호와의 이름 곧 네가 모욕하는 이스라엘 군대의 하나님의 이름으로 네게 나아가노라"(45절)고 이야기한 것도 그 때문입니다. 다윗은 믿음의 무기를 가지고, 하나님의 이름에 의지해 그분을 신뢰하고 나아갔다는 이야기입니다.

미국의 16대 대통령인 에이브러햄 링컨은 실패를 두려워하지 않고 끊임없이 도전했던 사람으로 유명합니다. 신문기자가 한번은 링컨에게 이런 질문을 했다고 합니다.

"당신의 놀라운 성공과 존경받는 삶의 비결은 어디에 있다고 생각하십니까?"

그때 링컨은 이렇게 대답합니다. "그야 다른 사람들보다 실패를 많이 경험했기 때문이죠. 나는 실패할 때마다 실패에 담겨진 하나님의 뜻을 배웠고, 그것을 징검다리로 활용했습니다. 사탄은 내가 실패할 때마다 이제 너는 끝장이라고 속삭였습니다. 그러나 하나님은 내가 실패할 때마다 이번 실패를 거울삼아 더 큰 일에 도전하라고 하셨습니다. 나는 사탄의 속삭임을 듣지 않고 하나님의 음성을 듣고 나아갔습니다."

링컨의 생애는 실패와 불행의 연속이었습니다. 그는 선거에서 일곱 번이나 떨어졌고, 사업에도 두 번 실패해서 그 빚을 갚는 데만 17년이나 걸렸던 사람입니다. 주어진 환경도 녹록치 않았습니다. 10세에 어머니가 돌아가셨고, 20세 때 누나가 죽었으며, 27세에는 결혼을 약속한 여자 친구가 죽었습니다. 또 그의 나이 42세에 다섯 살 난 둘째 아들을, 53세에 열두 살 난 셋째 아들을 먼저 하늘나라로 보내는 아픔도 겪었습니다. 그러나 이렇게 힘들고 어려울 때마다 링컨은 사탄의 속삭임을 듣는 대신 하나님의 음성에 귀 기울였고, 그것은 승리의 비결이 되었습니다. 링컨이 그의 생애에서 가장 좋아했던 성경구절은 로마서 8장 28절이라고 합니다.

"우리가 알거니와 하나님을 사랑하는 자 곧 그의 뜻대로 부르심을 입은 자들에게는 모든 것이 합력하여 선을 이루느니라."

인생을 살아가다 보면 누구나 크고 작은 한계에 부딪히기 마련입니다. 골리앗과 같이 넘기 힘든 큰 산이 우리 앞을 가로막을 수도 있습니다. 그럴 때 우리는 어떤 각오로 살아가야 할까요? 도전할 용기조차 잃어버린 사람처럼 주저앉는 사람, 도피하는 사람이 되어서는 안 됩니다. 엘리압처럼 비판하는 사람, 단점만 바라보는 사람이 되어서도 안 될 것입니다. 다윗처럼 믿음으로 담대하게 도전하며 육체의 한계를 뛰어넘을 수 있어야 합니다. 하나님께서는 골리앗과 같은 한계를 넘어, 믿음으로 사는 자를 찾으십니다. 믿음으로 도전하는 자와 함께해주십니다. 현실에 안주하지 않고 우리 앞에 놓인 골리앗을 믿음으로 물리칠 때, 승리와 기적이 있는 능력의 삶을 살아갈 수 있습니다.

나를 빚으시는 하나님

렘 18:1~12

이스라엘 백성들이 점점 타락의 길로 가고 있었습니다. 예레미야 선지자는 그들을 위해 40년 동안 눈물로 기도했지만 그들은 결코 말을 듣지 않았습니다. 이때 하나님께서 낙심하고 실의에 빠져 있는 예레미야에게 말씀하십니다.

"너는 일어나 토기장이의 집으로 내려가라."

토기장이의 그릇 만드는 과정을 통해 이스라엘 백성이 회복할 수 있는 기회, 다시 한 번 심령이 새로워질 수 있는 기회를 보이시겠다는 말씀입니다.

"내가 토기장이의 집으로 내려가서 본즉 그가 녹로로 일을 하는데 진흙으로 만든 그릇이 토기장이의 손에서 터지매 그가 그것으로 자기 의견에 좋은 대로 다른 그릇을 만들더라"(3, 4절).

예레미야 선지자가 토기장이의 집에서 본 장면은 무엇이었습니까? 토기장이가 도자기를 빚을 때의 모습을 살펴보면, 진흙을 물레 위에 놓고 손으로 돌리면서 그 모양을 다듬어갑니다. 그 물레가 본문에서 이야기하고 있는 '녹로'입니다. 물레 위의 진흙은 이스라엘 백성을 뜻합니다. 이미 터져버린 진흙, 이렇게 쓸모없고 폐기처분해야 할 진흙이 타락한 이스라엘 백성이라는 말씀입니다.

우리는 무언가를 새로 시작할 때 우리 자신이 토기장이의 의도와는 상관없이 만들어진 파손된 그릇임을 먼저 인정해야 합니다. 사람들은 착각 속에 살아갈 때가 너무나 많습니다. "하나님, 그래도 제가 젊었을 때 일을 많이 하지 않았나요? 내가 하나님께 드린 게 얼마인데요. 하나님께 봉사한 것은 또 얼마나 크고요"라고 이야기합니다. 그러나 이러한 생각으로 심령이 변화되기란 어렵습니다. 반대로 "하나님, 저는 아직도 갈급해요. 내 몸을 더 주를 위해 드리고 싶고, 헌신하고 싶어요. 나는 주님 앞에 서면 죄인이에요"라며 터져버린 진흙과 같은 모습을 인정할 때 심령은 새롭게 변화됩니다.

바리새인들은 일주일에 두 번씩 금식하고 구제했지만, 하나님께서는 그들의 기도를 싫어하셨습니다. 그들 속에는 진흙과 같은 마음이 없었기 때문입니다. 반면 사도 바울이 예수님을 만나 주의 일을 할 때 했던 처음 고백은 "나는 사도 중에 가장 작은 자"라는 것이었습니다. 그러다가 시간이 지난 후에는 "나는 성도 중에 가장 작은 성도"라고 고백합니다. 마지막 죽기 전의 고백은 무엇이었을까요? "나는 죄인 중에 괴수"라는 것이었습니다.

심령이 변화되기 위해서는 먼저 내가 하나님 앞에 수고한 것, 열심히 일한 것을 생각할 것이 아니라 하나님 앞에서 부족한 부분을 인정해야 합니다. 자신이 터져버린 진흙과 같음을 고백해야 합니다. 그것을 인정할 때 비로소 새로운 삶이 시작되는 것입니다. 하나님은 이 실물교육을 통해서 "터져버린 진흙이 바로 너희다"라고 말씀해 주고 계신 것입니다.

나 자신이 진흙과 같은 사람임을 고백했다면, 이제는 토기장이가 그릇을 빚기 위해서 어떠한 연단(수고)의 과정을 거치는지 알아야 합니다. 토기장이는 좋은 그릇을 하나 만들기 위해서 터져버린 진흙을 잘게 부숩니다. 잘게 부순 진흙을 물에 담그고, 발로 그 진흙을 열심히 밟습니다. 다음에 물레에 올려놓고, 빠르게 돌려댑니다. 그렇게 빚은 다음에 도자기에 모양을 내고, 그것을 불가마에 집어넣습니다. 도자기를 만드는 과정입니다.

토기장이 되시는 하나님께서 우리를 연단시키시는 과정도 다르지 않습니다. 쓸모없는 우리의 인생, 내려놓지 못한 고집과 아집으로 가득한 터져버린 진흙을 걸작품으로 만드시기 위해 하나님께서는 때때로 시험을 주십니다. 잘게 부수기도 하고, 물에 담그기도 하고, 짓밟기도 하고, 물레 위에 올려놓고 빠르게 돌리기도 하고, 가슴에 상처를 내기도 하고, 뜨거운 불가마에 집어넣기도 하십니다.

중요한 것은 이렇게 하나님께서 우리를 만져주실 때 그 연단을 받아들일 수 있어야 한다는 것입니다. '하나님! 나를 왜 이런 술주정뱅이 아버지 밑에서 태어나게 하셨나요? 나는 왜 저 인간을 만나 이렇게 고생해야 하나요? 하나님, 왜 나는 가난한 집에서 태어나서 물질로 어려움을 당해야 합니까?'라는 불평보다는, 주어진 환경들을 하나님의 연단으로 믿고 받아들일 수 있어야 한다는 사실입니다.

　토기는 500도의 불가마에서 구우면 되고, 토기보다 더 좋은 도기는 1000도씨 불가마에서 구우면 되지만, 최고의 자기는 2000도씨에서만 나올 수 있다고 합니다. 연단의 차이입니다. 자기가 되려면 토기와는 1500도 차이가 납니다. 주어진 환경이 뜨거우면 뜨거울수록, 내 환경이 힘들면 힘들수록 하나님이 나를 더 귀한 작품으로 만들기 위해 훈련하고 계신다는 사실을 알아야 합니다. 주어진 고난이 연단의 과정임을 생각할 때, 고난은 감사가 될 수 있습니다.

　이사야 선지자는 이것을 일찌감치 깨달았습니다. 그래서 이사야서 43장 1~2절 말씀에 이렇게 이야기합니다.

　"야곱아 너를 창조하신 여호와께서 지금 말씀하시느니라 이스라엘아 너를 지으신 이가 말씀하시느니라 너는 두려워하지 말라 내가 너를 구속하였고 내가 너를 지명하여 불렀나니 너는 내 것이라 네가 물 가운데로 지날 때에 내가 너와 함께 할 것이라 강을 건널 때에 물이 너를 침몰하지 못할 것이며 네가 불 가운데로 지날 때에 타지도 아니할 것이요 불꽃이 너를 사르지도 못하리니."

　연단의 과정을 거치면서 하나님은 우리가 그 길을 혼자 걷도록 내

버려두지 않으십니다. 항상 그 연단의 과정 속에서 "내가 너와 함께 해주겠다"고 말씀하십니다. 그러니 그 환경이 나에게 엄청나게 몰려와도 속상해 할 필요가 없습니다. 하나님이 함께해주시기 때문입니다.

욥기 23장 10절에 욥은 뜨거운 불시험을 거치고 난 후 이렇게 고백합니다. "그러나 내가 가는 길을 그가 아시나니 그가 나를 단련하신 후에는 내가 순금 같이 되어 나오리라."

상처가 없는 사람은 없습니다. 누구나 다 상처가 있습니다. 상처를 받으면 평범한 사람도 무서워집니다. 절제력이 강한 사람이 감정을 억제하지 못하고, 은혜로웠던 사람이 갑자기 사나워집니다. 자신을 비판하며 우울증에 빠지고, 삶의 의욕을 잃어버립니다. 마음이 삐뚤어지고, 대인기피증이 생기기도 합니다. 매사를 부정적으로 보고 남을 쉽게 판단하며 저주합니다. 진리를 보는 안목이 흐려지고, 기뻐해야 할 때 기뻐하지 못하고, 행복해야 할 때 행복해하지 못합니다. 상처를 상처로만 받아들여 늪에 빠졌기 때문입니다.

그러나 하나님의 사람은 상처가 되는 그 환경들이 하나님이 나를 더 크게, 더 좋은 작품으로 만드시기 위한 연단 과정이라는 것과 하나님께서 연단 과정 가운데 함께해주신다는 사실을 기억해야 합니다.

토기장이는 절대로 악한 그릇, 볼품없는 그릇, 쓸모없는 그릇을 만들지 않습니다. 하물며 하나님 아버지께서 우리를 못된 그릇으로, 쓸모없는 그릇으로, 쓰시기에 합당하지 않은 그릇으로 만드실 까닭이 없습니다. 더 나은 그릇, 더 아름다운 그릇, 더 쓰시기에 합당한 그릇으로 만들려고 우리를 연단시키신다는 것을 믿으시기 바랍니다.

그렇다면 진흙으로서 우리의 자세는 어떠해야 할까요? 하나님께서 우리를 아름다운 토기로 빚으실 수 있도록 순응해야 합니다. 그분이 빚으시는 모양대로 따라주어야 합니다. 토기장이가 손을 대는 방향대로 움직여줘야 합니다. 토기장이가 아무리 진흙을 밟고, 물에 담가놓고, 빨리 돌리고, 몸에 상처를 내고, 뜨거운 불가마 속에 집어넣는다 하더라도 "앗, 뜨거워!"하며 뛰쳐나와 버린다면 그 그릇은 터지고 맙니다. 쓸모없는 그릇이 되거나 아주 낮은 온도에 금방 들어갔다 나왔으므로 쉽게 깨지는 약한 그릇이 되기 쉽습니다.

사도 바울은 에베소서 2장 10절에서 이렇게 이야기합니다. "우리는 그가 만드신 바라 그리스도 예수 안에서 선한 일을 위하여 지으심을 받은 자니 이 일은 하나님이 전에 예비하사 우리로 그 가운데서 행하게 하려 하심이니라."

하나님의 연단을 거쳐 아름다운 작품으로 만들어졌다면, 이제 우리는 그 작품으로서 마땅히 빛을 발해야 합니다. 용도에 맞게 쓰임 받아야 합니다. 아무리 좋은 그릇도 숨겨놓으면 빛을 발할 수가 없습니다. 죄인으로서 마귀의 종노릇했던 내가 하나님의 연단으로 작품이 되었다면 그 작품으로서의 값어치를 해야 합니다.

　하나님께서는 각자에게 사명을 주셨습니다. 작품의 가치는 사명을 다함으로 드러납니다. 사명이란 내가 이 세상에 올 때 하나님께서 평생에 걸쳐 이루고 오라고 부탁하신 거룩한 심부름입니다. 그러므로 아무리 힘들고 어려워도 한평생 내가 반드시 이뤄야 할 거룩한 숙제인 것입니다.

　우리의 사명은 죽을 때까지 이어져가야 합니다. 목숨이 끊어질 때까지 가는 것이 사명입니다. 지으심의 목적대로 가야 합니다. 우리의 심령은 날마다 장성한 분량이 되도록 자라나야 합니다. 신앙생활을 오래하면 오래할수록 심령이 날마다 변화되어야 정상입니다. 그러기 위해서는 날마다 자신의 부족한 모습을 바라볼 수 있어야 합니다. 하나님께서 우리를 만져주실 때, '하나님! 나는 신앙생활을 이만큼 했는데 아직도 부족합니다. 나는 터져버린 진흙입니다. 주님 나를 만져주세요' 라는 자세로 있어야 합니다. 힘들고 뜨거울수록 더 좋은 자기가 나온다는 것, 그리고 그 연단 과정에서 하나님이 함께 해주신다는 것을 믿고 순응하는 성도들이 되어야 할 것입니다.

신앙생활의 자세

출 7:1~7

사람은 누구나 관계 속에서 기대감을 갖고 살아갑니다. 사장이 직원을 채용할 때도, 교회에서 새로운 교역자를 맞을 때도 기대감이 있기 마련입니다. 남편은 아내에게, 아내는 남편에게 서로 기대감을 갖습니다. 또 자녀가 태어나면 부모는 자녀에게 기대감을 갖습니다. 하물며 우리를 사랑하셔서 그 아들을 죽이기까지 하신 하나님이 우리에게 기대감이 없으실 리는 없습니다.

우리를 향한 하나님의 기대에 맞게 신앙생활을 잘 하려면 어떤 생각과 마음가짐으로 살아가야 할까요?

첫째로 준비하는 자세로 살아가야 합니다. 아직도 더 준비가 필요하다는 마음 자세가 필요합니다. 모세는 40년 동안 궁궐에서 왕가의 교육을 받았습니다. 왕가의 교육은 일반 백성들의 교육과는 차원이 다릅니다. 40년 동안 그만큼 준비했으면 완벽하다고 생각할 만도 합니다. 그런데 하나님은 40세에 모세를 쓰지 않고 모세의 인생을 왕자의 신분에서 목동의 신분으로 신분하강을 시키십니다. 궁궐이 아닌 냄새나는 짐승이 있는 광야로 보내십니다.

하나님이 모세를 그곳으로 보내신 것은 혈기를 죽이고 하나님의 음성만 들으라는 뜻이었습니다. 그곳에서 하나님을 의지하게 하신 것입니다. 더 준비시키시기 위해 바닥으로, 더 바닥으로 모세를 내버리셨다는 것을 우리는 알아야 합니다.

여기에서 기억해야 할 사실이 있습니다. 실패는 끝이라는 사인이 아닌, 더 준비하라는 신호라는 것입니다. 침체는 그만두라는 의미가 아닙니다. 포기하라는 뜻도 아닙니다. 주저앉으라는 신호가 아닌 그곳에서 더 준비하라는 하나님의 음성임을 믿으시기 바랍니다.

미국의 독립 전쟁을 성공적으로 이끈 조지 워싱턴 미국 초대 대통령은 전쟁에 나갔다가 번번이 패했으나 그에 굴하지 않은 것으로 잘 알려져 있습니다. 그는 전쟁에서 진 것은 다음 전쟁을 더 잘 준비해서 다음번엔 이기라는 하나님의 사인으로 받아들였습니다. 그래서 여섯 번을 패했으나 절대로 굽히지 않고 다시 준비해 나가 결국에는 전쟁에서 이기고 미국의 독립을 성공적으로 이끌게 됩니다. 우리에게는 아직도 더 준비해야 할 것이 남아 있습니다.

대기만성이라는 말이 있듯이, 큰 그릇일수록 천천히 완성되어가는 법입니다. 독버섯은 6시간 만에 자라지만, 대들보로 쓰는 참나무는 30년이 지나야만 쓸 수 있다고 합니다. 비록 나에게 아무런 힘이 없다고 할지라도 하나님이 나를 통해서 반드시 일하신다는 것을 믿고 기도와 말씀과 성령 충만함으로 준비하고 또 준비한다면, 언젠가 하나님께 쓰임 받도록 되어 있습니다.

 둘째로 아직도 기회가 있다는 자세로 살아가야 합니다. "모세는 팔십 세였고 아론은 팔십삼 세였더라"라고 했습니다. 그때 쓰임을 받았다는 것입니다. 모세가 애굽에서 도망간 이유는 이스라엘 사람과 애굽 사람이 싸우는 것을 보고 혈기가 나서 애굽 사람을 때려 죽였기 때문이었습니다. 다시 말해 애굽으로 돌아갈 수 없는 형편인데 그때 하나님께서 그를 부르신 것입니다. 양과 함께 살다가 죽을 형편이었고, 또 실제로 그렇게 생각하고 살았는데 하나님은 모세를 부르시고 기회를 주셨다는 사실입니다.

 또 여호수아 14장 10~11절 말씀에 보면 갈렙은 이렇게 이야기합니다. "이제 보소서 여호와께서 이 말씀을 모세에게 이르신 때로부터 이스라엘이 광야에서 방황한 이 사십오 년 동안을 여호와께서 말씀하신 대로 나를 생존하게 하셨나이다 오늘 내가 팔십오 세로되 모세가 나를 보내던 날과 같이 오늘도 내가 여전히 강건하니 내 힘이 그때나 지금이나 같아서 싸움에나 출입에 감당할 수 있으니."

 하나님께서 모세에게 이 말씀을 하신 때로부터 이스라엘이 광야에서 방황한 45년을 보자는 이야기입니다. 이 말씀에서 우리가 분명히 기억할 것은 40세에 갈렙은 땅을 정탐하고 왔고, 45년이 지난후에 그 땅을 보았다는 사실입니다. 그리고 그 산지를 달라고 이야기합니다. 땅을 한 번 보고 왔다고 해서 그 땅을 차지할 거라고 생각하는 사람은 없을 것입니다. 그러나 갈렙에게는 그 땅을 주실 분이 하나님이시라는 믿음이 있었기에 구할 수 있었던 것입니다.

삼손은 그의 실수로 머리털이 잘려서 마지막에 블레셋의 포로로 잡혀가 두 눈이 뽑히는 비참한 상황에 이르게 됩니다. 사람들은 다곤 신전에 모여서 축하파티를 엽니다. 블레셋을 괴롭히는 삼손이 드디어 잡혔다. 그러니 축하연회를 열자고 이야기합니다. 지붕 위에만 3,000명이 몰려들었다고 합니다. 어마어마한 숫자입니다. 그때 삼손이 어떻게 기도합니까?

"주 여호와여 구하옵나니 나를 생각하옵소서 하나님이여 구하옵나니 이번만 나를 강하게 하사 나의 두 눈을 뺀 블레셋 사람에게 원수를 단번에 갚게 하옵소서"(삿 16:28).

이렇게 부르짖은 뒤 삼손은 집을 버틴 두 기둥 가운데 하나는 왼손으로, 또 하나는 오른손으로 껴 의지하고, 힘을 다하여 몸을 굽혀 그 집을 무너뜨립니다. 이 사건으로 그 안에 있던 모든 방백들과 백성에게 덮여 삼손이 죽을 때에 죽인 자가 살았을 때 죽인 자보다 더욱 많았다고 성경은 기록합니다.

삼손은 죽을 때 가장 큰 능력을 발휘했습니다. 삼손은 살아 있을 때도 많은 적들을 물리쳤습니다. 나귀 뼈 하나로 1대 1,000으로 싸워서 이겼던 삼손입니다. 그런데 살았을 때 한 일보다 죽어서 한 일이, 죽을 때 한 일이 더 큰 일이었다는 것입니다.

지금까지 20년, 30년, 40년 신앙생활을 해오면서 한 일보다 죽으면서 하게 될 일이 더 큰 일일 수도 있습니다. 하나님이 언제 우리에게 기회를 주실지 알 수 없습니다. 숨이 떨어지는 순간, 그 죽어가는 순간에 "애들아! 예수님 잘 믿어다오!" 하며 천국에 간다면 그 한마디에 자녀들의 마음이 움직일 수도 있다는 것입니다. 그리고 그 자녀들이 정말로 영향력 있는 하나님 나라의 큰 기둥이 될지도 모를 일입니다.

다이너마이트를 발명해 막대한 부를 쌓은 알프레드 노벨은 55세이던 1888년, 자신의 사망을 알리는 부음 기사를 보게 됩니다. 형 루드비그 노벨이 죽었는데, 한 프랑스 신문이 그가 죽은 것으로 잘못 알고 부음 기사를 실었던 것입니다. 노벨은 신문에서 자신이 '죽음의 상인'으로 불린 것에 충격을 받습니다. 그리고 그 영향인지 죽기 1년 전 유언장에 "기금을 마련해 거기에서 매년 나오는 이자로 지난해 인류에 가장 큰 공헌을 한 사람에게 상을 수여하길 바란다"라는 내용을 남기게 됩니다. 세계 최고 권위의 노벨상이 이렇게 탄생한 것입니다.

모세는 80년 동안 한 일보다 40년 동안 한 일이 더 위대했습니다. 출애굽기 40장 가운데 모세의 80세까지의 이야기는 1장과 2장밖에 없습니다. 3장부터 총 38장은 80세 이후의 이야기입니다.

포기했던 일이 있다면 다시 용기를 내시기 바랍니다. 다시 시작하겠다는 마음을 가지면 됩니다. 나이 들었다고, 병들었다고, 힘들다고 포기하지 말고 준비해야 합니다. 잘 준비해 두었다가 하나님이 기회를 주실 때, 준비한 것들을 다 쏟아부어버리면 일평생 일한 것보다 죽기 전에 일한 것이 더 큰일이 될 수 있다는 것을 기억하시기 바랍니다.

필라델피아 근처 어느 시골 마을에 교회가 세워지게 된 이야기입니다. 스잔이라는 한 어린 아이가 있었습니다. 초등학생밖에 안 되는 이 어린아이가 날마다 하나님께 기도했습니다.

"하나님! 우리 집에서 교회까지 너무 멀어요. 그러니 우리 동네에도 교회 하나만 세워주세요. 동네 친구들이 먼 곳으로는 교회를 못 가니까 가까운 우리 동네에 교회를 세워주세요. 하나님 도와주세요!"

아이는 간절히 날마다 기도했습니다. 어쩌다 그 아이가 어린 나이에 죽게 되었습니다. 그런데 아이 품속에 보니까 이 내용의 편지와 건축헌금 5달러가 들어 있더란 것입니다. 이 소식이 미국 전역에 퍼지면서 헌금이 모여들더니 그 마을에 교회당이 세워졌다는 이야기입니다. 이 아이는 죽어서도 교회를 건축했습니다.

셋째로 하나님의 은혜를 구하는 자세로 신앙생활을 해야 합니다. 모세가 한 모든 일은 하나님의 은혜였습니다. 자신감을 주신 분도, 형을 붙여주신 분도, 능력의 지팡이를 주신 분도 하나님이셨습니다.

모든 것이 하나님의 은혜였습니다. 그의 말년도 하나님의 은혜였고, 40년 동안 사역한 것도 다 하나님의 은혜였습니다.

어느 시골 마을에 두 아들을 둔 농부가 있었습니다. 농부는 신앙이 좋았지만 안타깝게도 두 아들이 예수님을 안 믿었습니다. 농부는 매일같이 헛간에 들어가서 흙바닥에 무릎을 꿇고 기도했습니다. "주님, 우리 두 아들이 예수님을 믿게 해주세요." 얼마 후 아버지가 돌아가신 다음, 두 아들은 헛간에 들어갔다가 그만 충격에 눈물을 흘리게 됩니다. 아버지가 흙바닥에서 무릎을 얼마나 꿇고 기도했는지, 흙바닥이 패인 것을 발견했던 것입니다. 죽을 때까지 준비한 기도는 죽은 이후에라도 결실을 맺을 수 있다는 것을 꼭 기억하시길 바랍니다.

모세가 80년간 준비한 것이나 40년 동안 쓰임 받은 것도 다 하나님의 은혜입니다. 모세가 태어나던 당시 상황을 생각해보면 모세가 살아난 것만도 하나님의 은혜였습니다. 산파들이 하나님이 두려워서 죽이지 못했으니 그 또한 하나님의 은혜이며, 엄마 요게벳이 혼자 힘으로 키울 수 없어 그 아이를 나일 강에 버렸는데도 하필이면 공주가 그걸 발견하고 궁궐로 데려간 것도 하나님의 은혜입니다. 바로 왕이 "어느 혈통인지도 모르는데 갖다 버려! 죽여!"라고 했더라면 죽었을 텐데 바로의 마음을 움직여서 키우게 해준 것도 하나님의 은혜입니다. 모세의 어머니가 궁궐에 유모로 들어가 자식을 돌볼 수 있었던 것도 하나님의 은혜가 아닐 수 없습니다.

하나님은 준비된 자를 쓰십니다. 그러므로 우리는 늘 준비하는 신앙생활을 해야 합니다. 깨어서 기도해야 합니다. 준비된 자에게는 언제든지 기회가 찾아오도록 되어 있습니다. 또한 우리는 하나님의 은혜를 바라보며 그분의 은혜를 구하는 삶을 살아야 할 것입니다.

"여호와는 네게 복을 주시고 너를 지키시기를 원하며 여호와는 그의 얼굴을 네게 비추사 은혜 베푸시기를 원하며 여호와는 그 얼굴을 네게로 향하여 드사 평강 주시기를 원하노라"(민 6:24~26).

이 제사장의 축복의 기도를 기억하면서 준비하는 자, 끝까지 쓰임 받는 자, 은혜를 구하는 자로 살아가시기를 바랍니다. 하나님은 우리에게 은혜 베풀어주기를 원하십니다.

나를 돌아보는 시간

마 25:21~30

옥수수의 대가이신 김순권 박사님은 시골의 가난한 가정에서 태어났다고 합니다. 그는 어린 시절 교회에 다니면서 예수님을 영접했는데, 그 후로 자신을 향한 하나님의 목적과 기대가 무엇인지를 깨닫고, 옥수수 연구를 통해 세계 식량난 해결에 기여한 인물입니다.

박사님이 이러한 업적을 이루기까지 그에게는 가난한 나라를 옥수수로 배불려야겠다는 생각이 있었습니다. 그러한 선한 목적이 있었기 때문에 밤낮으로 새로운 옥수수를 개발해 개발도상국의 농업 발전과 아프리카 빈곤 문제 해결에 이바지할 수 있었던 것입니다.

하나님은 우리에게 각종 여러 가지의 은사를 주셨습니다. 그리고 그것을 귀하게 보시고 사용하기 원하시는데 우리는 고집대로 살아가려고 할 때가 너무도 많습니다. 하나님 앞에서는 경제적 풍요나 높은 지위에 오르는 것이 의미가 없습니다. 하나님이 나를 택하신 그 목적대로 살아갔느냐, 그렇지 못했느냐가 관건입니다. 비록 남들이 보기에는 돈을 좀 못 벌어도, 출세하지 못했어도, 많이 배우지 못했어도 하나님이 나를 만드신 목적대로 살아가고 있다면 그것이 성공한 인생입니다. 최선을 다하는 삶을 살아가고 있다면 그것이 무엇을 위한 최선인지 스스로 돌아볼 필요가 있습니다. 하나님이 택하신 목적에 맞게 쓰임받기 위해 노력하는 것이 아니라면 그것은 무가치한 것입니다. 하나님의 기대가 무엇인지 아는 것이 중요합니다.

하나님께서 우리에게 달란트를 주시고 난 다음 첫째로 기대하신 것은 부지런한 종이 되라는 것이었습니다. 어떤 분이 농촌에 가서 젖소를 샀습니다. 그런데 며칠 안 되어 젖소의 젖이 다 말라버렸습니다. 그는 옆집 농장 주인에게로 가서 묻습니다.

"아니, 우리 집 젖소는 산 지 얼마 안 됐는데 젖이 왜 이렇게 금방 말라버렸을까요?"

이때 옆집 농장 주인이 대답합니다. "젖소의 젖을 있는 대로 끝까지 짜주었습니까? 더 많은 젖, 더 신선한 젖을 만들기 위해서는 젖소의 젖을 하나도 남김없이 끝까지 다 짜내어야 합니다. 그래야 젖이 마르지 않습니다."

우리의 사명도 마찬가지입니다. 하나님께서 힘을 주셨을 때, 달란트를 주셨을 때, 할 수 있을 때 부지런히 충성해야 합니다. 쓸 수 있을 때 부지런히 다 짜내야 합니다. 더 신선한 젖, 더 많은 젖을 얻기 위해서는 필요한 만큼이 아닌, 있는 힘껏 짜내야 합니다. 이것이 바로 부지런한 종의 자세입니다.

본문 26절 말씀에 보면 "악하고 게으른 종아!"라고 말씀합니다. 충성의 반대는 반역이 아니라 게으름입니다. 하나님이 맡겨주신 달란트를 어떻게 사용했는지 돌아보아야 합니다. 게으름은 인간의 어쩔 수 없는 연약한 부분이 아닙니다. 하나님께 대한 불충성이며, 맞서 싸워야 할 악입니다. 게으름은 충성하기 위해서 반드시 제거해야 할 습성입니다.

그렇다고 잠을 최대한 줄이고, 단지 열심히 무언가를 했다고 해서 부지런한 사람이 되는 것은 아닙니다. 주님이 주신 달란트를 어떻게 사용했는지가 중요합니다. 주신 달란트를 남겨둬서는 안 됩니다.

본문에 보면 한 달란트 받은 사람은 이렇게 이야기합니다. "주인이여 당신은 굳은 사람이라 심지 않은 데서 거두고 헤치지 않은 데서 모으는 줄을 내가 알았으므로"(24절).

감사에는 게으르고 불평에는 바쁜 사람들이 있습니다. 그들은 다른 사람과 자신을 비교하기에 바쁘고, 원망하는 일에 분주합니다. 우리는 감사에 바쁘고, 찬양하는 데 바빠야 합니다. 예배드리는 일에 바쁘고, 기도하고 말씀 묵상하는 데 온 힘을 기울여야 합니다. 엉뚱한 일에 분주한 사람이 되어서는 안 됩니다.

또한 세상일에는 바쁜데, 하나님의 일에 대해서는 게으른 사람들도 있습니다. 16절, 17절 말씀을 보면 다섯 달란트 받은 자는 바로 가서 그것으로 장사해 또 다섯 달란트를 남기고, 두 달란트 받은 자도 그같이 하여 또 두 달란트를 남겼다고 합니다.

우리는 충성하는 종이 되어야 합니다. 하나님이 주신 달란트를 묻어두고 있다면 게으른 사람입니다. 반대로 하나님께서 주신 그 달란트를 사용하고 있다면 그 사람은 부지런한 사람입니다. 하나님이 주신 여러 은사들을 반드시 사용하되, 끝까지 남김없이 사용해야 합니다.

둘째로 주님이 기대하신 것은 착한 종이었습니다. 주님은 착한 종을 기쁘게 바라보십니다. 세계 갑부 1위인 빌게이츠는 기부를 많이 한 사람으로 잘 알려져 있습니다. 그러나 그가 처음부터 기부를 잘한 것은 아니었습니다. 어느 날 미국의 CNN 방송 설립자 테드 터너라는 사람이 1조 2,000억 원을 기부한 후, 빌게이츠를 향해 이렇게 이야기했다고 합니다.

"많은 돈을 은행에 예금하고 미래를 준비하는 것은 참 불행한 일입니다. 그 돈으로 남을 돕는다면 인생이 훨씬 더 풍요로워질 것입니다."

그의 말에 감동받은 빌게이츠는 그 자리에서 600억 원을 기부합니다. 그리고 이후에도 그는 꾸준히 기부했는데, 빌 게이츠 재단의 지난 20년간의 기부액을 따져보면 총 36조 원에 달한다고 합니다. 돈도 중요하고, 명예도 중요하고, 지식과 건강도 중요합니다. 그러나 그것보다 더욱 중요한 것은 하나님께서 주신 달란트를 어디에 쓰느냐 하는 것입니다.

'착하다'라는 말은 '선하다'는 의미를 내포합니다. 하나님께서 주신 달란트를 악한 데에 쓰느냐, 선한 데에 쓰느냐는 중요한 문제입니다. 본문 21절 말씀에 "주인이 이르되 잘하였도다 착하고 충성된 종아 네가 적은 일에 충성하였으매 내가 많은 것을 네게 맡기리니 네 주인의 즐거움에 참여할지어다"라고 말씀합니다. 주인은 두 달란트, 다섯 달란트 맡은 사람을 향하여 착한 종이라고 합니다. 반면 한 달란트 맡은 사람을 향해서는 악한 종이라고 합니다. 주인의 의도를 알고 주인이 원하는 데에 선하게 사용하는 사람은 착한 종이지만, 주인이 원하는 데에 쓰지 않고 자기 뜻대로, 자기 마음대로 사용하는 사람은 악한 종이 됩니다.

열심히 일했지만 내 뜻대로 열심히 일했다면 그 사람은 착한 종이 될 수 없습니다. 어떤 사람이 아침부터 저녁까지 죽을힘을 다해 일했다고 가정합시다. 입으로는 주의 일을 한다고 했지만, 그것이 아버지의 뜻대로 한 것인지는 점검해봐야 합니다. 땀 흘려 일을 해놓고도 내 뜻대로 일했다면, 내 뜻대로 결정했다면, 그 사람은 착한 종이 될 수 없습니다. 찬양대가 열심히 연습을 해도 개개인의 뜻대로 연습했다면, 전도를 해도 자신의 뜻대로 전도했다면 착한 종이 아닙니다. 결국 악한 종은 어떻게 되었습니까? 바깥 어두운 곳으로 쫓겨나 이를 갈며 슬피 울게 되더라는 것입니다.

마지막으로 주님은 우리가 충성된 종이 되기를 바라십니다. 어느 주인이 하루는 그 집의 하인 둘을 불렀습니다. 그러고는 "오늘이 섣달 그믐날인데, 내일이면 약속했던 대로 너희를 자유의 몸으로 풀어주겠다"고 말합니다. 그러나 마지막으로 한 가지만 부탁할 것이 있으니, 이 집에서 가장 얇고 가장 길게 새끼를 꼬아주기 바란다고 부탁합니다. 그리고 주인은 방으로 들어갑니다. 두 하인 가운데 한 명은 이렇게 투덜댑니다. "야, 우리 주인 정말 너무하네. 내일이면 우리가 자유의 몸이 되는데 치사하게 오늘 밤까지 이 일을 시켜야 하나?" 그는 투덜대면서 대충대충 굵고 짧게 새끼를 꼽니다. 그런데 남은 한 종은 "무슨 소리냐, 우리를 자유의 몸으로 풀어주신 것만 해도 얼마나 감사한데"라면서 마지막까지 충성스럽게 맡은 일에 최선을 다합니다. 다음날 주인은 종들을 향해 이렇게 이야기합니다. "광문을 열어두었으니, 어젯밤 새끼 꼰 것을 가지고 와서 광 안에 있는 엽전을 끼워 가거라."

충(忠)이란 가운데 중(中)에, 마음 심(心)자가 들어간 것입니다. 중심을 바로 잡는다는 뜻입니다. 주인이 있을 때나 없을 때나 마음의 중심을 바로 잡으라는 것입니다. 눈 가리고 아웅 하는 식으로 주인이 있을 때는 열심히 하는 척하고, 없을 때는 대충하는 것은 충성이 아닙니다. 주인이 있을 때나 없을 때나, 처음이나 나중이나 변함없는 사람이 충성스러운 사람입니다.

'충성되다'라는 말은 '신실하다'라는 뜻도 됩니다. 맡은 바 사명에 충실한 종, 주인이 떠났지만 끝까지 충성해서 달란트를 남긴 종, 그 종이 바로 충성된 종임을 기억하시기 바랍니다.

예수님은 승천하시면서 우리에게 성령을 받으라고 말씀하셨습니다. 성령을 통해서 각종 은사들을 우리에게 주시겠다고 약속하셨습니다. 은사를 받은 우리의 자세는 어떠해야 할까요? 부지런해야 합니다. 묻어두어서는 안 됩니다. 비판과 원망과 불평과 비교하는 말, 판단하고 정죄하는 일에 바쁜 사람이 되어서는 안 됩니다. 감사와 말씀 묵상과 기도에, 찬양과 예배 참석에 더욱 더 부지런하시기를 바랍니다. 하나님께서 달란트를 주신 이유가 무엇인지를 깨닫고 주인의 의도대로 사용하시기 바랍니다. 또한 주님을 향한 마음, 영혼들을 향한 마음이 끝까지 변하지 않는 충성된 종이 되시기를 바랍니다. 그리하여 예수님이 재림하실 때, 주님 앞에서 결산할 때, 착하고 부지런한 종이라 칭찬 받으시기를 바랍니다.

내게는 매우 작은 일이다

고전 3:21~4:5

어느 날 아버지와 아들이 키우던 나귀를 시장에 내다 팔려고 끌고 가고 있었습니다. 그 모습을 지켜본 사람들이 한마디씩 합니다.

"당나귀는 타고 가라고 있는 건데 둘 다 걸어가니 당나귀를 모시고 가는 꼴이구나. 그것 참 우습구나." 이 말을 들은 아버지가 아들을 당나귀에 태웁니다. 한참을 가다보니 사람들이 또 수군댑니다. "저런 버르장머리 없는 놈을 봤나. 아버지를 태우고 아들이 끌고 가야지, 아들이 타고 아버지가 끄는 법이 어디 있어?" 아버지는 잠시 고민하더니 아들을 당나귀에서 내리게 하고 자신이 그 위에 올라탑니다. 그러자 이번에는 사람들이 아버지를 욕합니다. "저 아버지 봐라. 저 어린 애를 걸어가게 하고 자기는 당나귀를 타고 가다니." 결국 아버지는 아들과 둘이서 당나귀를 타기로 결정합니다. 그렇게 당나귀를 타고 한참을 가다보니 사람들이 또 수군대는 소리가 들려옵니다. "아무리 말 못하는 나귀라도 그렇지, 저렇게 학대를 하다니, 어떻게 둘이 올라탈 수가 있단 말이야." 마음이 무거워진 아버지는 어디선가 막대기를 하나 가져와 나귀를 양쪽에다 묶고, 아들과 둘이 양쪽에서 메고 갔다고 합니다. 무가치한 판단에 귀 기울인 결과입니다.

본문에 보면 고린도교회는 네 개의 파(아볼로파, 바울파, 게바파, 예수님파)로 나뉘어져 있었습니다. 그래서 사도 바울도 이야기하기를 "나는 심었고, 아볼로는 물을 주었으되, 자라나게 하시는 이는 하나님이시라"라고 했던 것 같습니다. 교회 안에 그만큼 파들이 많았다는 이야기입니다.

오늘날 교회의 모습도 다르지 않은 것 같습니다. 다만 우리는 사도 바울이 고린도교회를 향해 하신 말씀을 통해 아름다운 공동체로 세워가기 위한 우리의 자세에 대해 생각해볼 수 있을 것입니다.

본문에는 세 종류의 판단이 나옵니다. 첫 번째로 다른 사람의 판단입니다. 사람들은 다른 사람의 판단에 대해서 굉장히 중요하게 생각합니다. 그래서 다른 사람이 나를 칭찬하면 좋아하고, 비난하면 몹시 불쾌하게 생각합니다. 누군가 좋은 판단을 해주면 기분이 좋아져서 그 사람과 같이 있고 싶어 합니다. 반대로 자신에게 비난의 말을 한 사람은 멀리하는 것이 인간입니다. 심지어 사람들은 칭찬을 받기 위해서, 다른 사람에게 좋은 판단을 얻기 위해서 가식적으로 말하고 행동하기도 합니다.

그러나 생각해봐야 합니다. 다른 사람의 판단이 진실은 아니라는 것입니다. 본문 말씀 3절에 바울은 "너희에게나 다른 사람에게나 판단 받는 것이 내게는 매우 작은 일이라 나도 나를 판단하지 아니하노니"라고 기록하고 있습니다. 고린도교회 성도들이나 다른 지역의 모든 사람들에게 판단 받는 것이 바울에게는 매우 작은 것이라 얘기하고 있는 것입니다.

사람들은 알게 모르게 서로를 판단합니다. 신약에서 가장 위대한 사도인 사도 바울조차도 자신이 개척한 고린도교회 성도들에게 좋은 평가를 받지 못했습니다. 본문 말씀 이후의 13절 말씀에 보면 "비방을 받은즉 권면하니 우리가 지금까지 세상의 더러운 것과 만물의 찌꺼기 같이 되었도다"라고 합니다. 자신이 개척한 교회 성도들에게 세상의 더러운 것과 만물의 찌꺼기 같이 될 정도로 비방을 받았다는 것입니다. 그렇게 많은 비방을 받았는데도 사도 바울은 그것을 매우 작은 일로 여겼다는 사실입니다. 바울은 자신을 비난하는 다른 사람들의 평가에 대해서 딱 한마디 합니다. "내게는 매우 작은 일이다." 이 말을 오해해서는 안 됩니다. 교만하여 다른 사람들을 무시한다는 의미가 아닙니다. 다른 사람들의 판단도, 평가도 들을 줄 알아야 합니다. 하지만 아무리 주변에서 반대하고 비판해도 자신에게 맡겨주신 하나님의 사명을 감당하는 일에는 남들의 비난조차도 참고 인내할 수 있어야 한다는 것입니다. 매우 작은 것으로 여길 수 있어야 합니다.

우리에게는 하나님이 주신 귀한 직분이 있습니다. 그러나 그 직분을 끝까지 감당하려고 할 때, 악한 마귀가 다른 사람들을 통해서 평가하는 소리를 듣게 합니다. 그러면 속상하고 마음이 불편해집니다. 사명을 그만둬야겠다는 마음이 굴뚝같이 올라오기도 합니다. 그러나 그 모든 것들을 작은 일로 여길 수 있어야 합니다. 그래야 맡겨주신 사명을 끝까지 감당할 수 있습니다.

그래서 사도 바울은 본문에서 이렇게 이야기합니다. "사람이 마땅히 우리를 그리스도의 일꾼이요 하나님의 비밀을 맡은 자로 여길지어다 그리고 맡은 자들에게 구할 것은 충성이니라"(1,2절).

또 다른 판단은 스스로 하는 판단입니다. 본문 말씀 4절에 이렇게 이야기합니다. "내가 자책할 아무 것도 깨닫지 못하나 이로 말미암아 의롭다 함을 얻지 못하노라 다만 나를 심판하실 이는 주시니라."

자책은 스스로를 평가하고 책망하는 것을 말합니다. 그런데 사도 바울은 분명히 자책할 아무것도 깨닫지 못했다고 말합니다. 왜냐하면 충성되게 사명을 감당하고 있기 때문입니다. "내가 나를 자책할 것이 아무것도 없지만, 그렇다고 나 스스로 판단할 때에 나도 완벽하지는 못하다"는 이야기입니다. 스스로를 판단하는 것이 완벽하지는 못하다는 뜻입니다.

우리는 스스로에 대해 완벽한 판단을 할 수가 없습니다. 그럼에도 불구하고 사람들은 자기 스스로를 판단합니다. 양심으로 판단하고, 지금까지 쌓아온 것들과 살아온 경험으로 판단합니다. 환경이나 감정, 지식으로 판단하기도 합니다. 그러나 사도 바울은 이런 면에 있어서, 자기 자신을 볼 때 판단 받을 만한 게 없었습니다. "스스로 의롭다 함을 얻지 못한다"는 것은 자기 자신의 판단이 언제나 맞을 수는 없다는 것입니다. 우리는 하나님이 아니기 때문입니다.

요한계시록 3장 17절 말씀에 라오디게아 교회에게 편지한 내용을 보면 "네가 말하기를 나는 부자라 부요하여 부족한 것이 없다 하나 네 곤고한 것과 가련한 것과 가난한 것과 눈 먼 것과 벌거벗은 것을 알지 못하는도다"라고 기록하고 있습니다. 인간의 몸으로 스스로 판단하는 것과 주님이 판단하는 것은 다르다는 것입니다. 이것을 우리는 분명히 기억해야 합니다.

요한복음 8장 31~34절 말씀에 예수께서는 자기를 믿는 유대인들에게 이렇게 말씀하십니다. "너희가 내 말에 거하면 참으로 내 제자가 되고 진리를 알지니 진리가 너희를 자유롭게 하리라." 그런데 그들이 어떻게 반응합니까? "우리가 아브라함의 자손이라 남의 종이 된 적이 없거늘 어찌하여 우리가 자유롭게 되리라 하느냐." 이때 예수님의 대답은 "진실로 진실로 너희들에게 이르노니 죄를 범하는 자들마다 죄의 종이다"라는 것이었습니다. 이스라엘 백성들은 대대로 살아오면서 자신들은 하나님의 선민이라고 생각했습니다. 하나님의 백성이고, 자녀이고, 늘 자유로웠다는 것입니다. 그런데 예수님께서는 "너희가 스스로 그렇게 생각하느냐"고 묻고 계신 것입니다. 예수님의 판단과 우리의 생각, 인간의 판단은 다르다는 것입니다.

'교회만 가면 무조건 천국 간다'는 것은 내 판단입니다. 확고한 민음이 없이는 절대로 천국에 갈 수 없습니다. 이것을 우리는 분명히 알아야 합니다. 주님이 보시는 믿음과 내가 나를 보는 믿음은 다를 수 있습니다.

마지막으로 우리는 하나님의 판단에 대해 생각해봐야 합니다. 본문 4절 하반절에 "다만 나를 심판하실 이는 주시니라"라고 합니다. 아무도 나를 판단할 수 없습니다. 오직 나를 판단하실 분은 하나님 한 분밖에 안 계십니다. 주님 오실 그날까지 아무것도 판단하지 말라는 이야기입니다. 누가복음 6장 37절 말씀에 "비판하지 말라 그리하면 너희가 비판을 받지 않을 것이요 정죄하지 말라 그리하면 너희가 정죄를 받지 않을 것이요 용서하라 그리하면 너희가 용서를 받을 것이요"라고 했습니다.

남이 자신을 평가해도 자신이 스스로 평가해도 그 평가는 올바르지 않은 평가라는 것을 꼭 기억하시기 바랍니다. 사람의 평가는 주관적이지만 하나님의 평가는 객관적입니다. 사람의 평가는 공평하지 못하지만 하나님의 평가는 공평합니다. 사람의 평가는 외모를 보지만 하나님의 평가는 중심을 보십니다. 사람의 평가는 결과를 보지만 하나님의 평가는 마음의 의도를 보십니다. 사람의 평가는 상대적이지만 하나님의 평가는 절대적입니다. 누구에게나 공평하며 흔들림이 없는 분, 그분이 바로 우리 아버지이십니다.

하나님이 우리에게 맡겨주신 사명들이 있습니다. 각자가 그 사명을 충성스럽게 감당할 때 교회는 아름다운 교회가 될 수 있습니다. 그러나 그 교회를 깨뜨리기 위해 악한 마귀는 가만히 몇 사람을 보냅니다. 악한 마귀는 교회 안에 가만히 들어와서 우리가 주님의 몸 된 교회를 위해서 충성하지 못하도록 판단합니다. 그 판단의 소리를 통해 마음에 상처를 받고 시험 들게 만듭니다. 뿐만 아니라 개인적인 양심을 자극해서 자기 스스로가 '나는 너무 못난 놈, 아무것도 할 줄 모르는 놈, 내가 이걸 어떻게 하겠어?'라는 생각을 하게 만듭니다. 낮은 자존감을 심어줍니다. 그러나 다시 한 번 강조하지만 다른 사람의 판단이나 자기 스스로의 판단은 불완전하다는 것입니다. 불완전한 판단에 대해서는 "내게는 매우 작은 일이다"라고 말할 수 있어야 합니다. 오직 하나님의 판단만이 정확한 판단입니다. 그리고 하나님의 판단에 기대는 것이 충성된 종의 자세임을 기억해야 할 것입니다.

내가 할 일, 주님이 하실 일

요 11:32~44

본문에 보면 나사로가 죽자 예수님께서 심령에 비통히 여기시고 불쌍히 여기셨다고 기록되어 있습니다. 사랑하는 나사로를 잃은 예수님께서는 눈물을 흘리기까지 하셨습니다. 그러나 이때 예수님의 기도 내용은 무엇이었습니까?

"아버지여, 내 말을 들으신 것을 감사하나이다."

예수님께서는 먼저 감사했습니다. 비통함에 눈물 흘리는 그 순간까지도 가장 먼저 감사기도를 올리셨습니다. 그렇다면 이러한 힘든 상황 속에서도 감사할 수 있었던 이유는 무엇이었을까요?

첫째로 부를 수 있는 대상이 있었기 때문입니다. 예수님의 기도는 "아버지여!"로 시작되었습니다. 사람은 극한 상황에 처하면 누군가에게 도움을 요청하기 마련입니다. 그러나 사람의 도움에는 한계가 있습니다. 도움을 요청받은 사람이 진심으로 도와주고 싶은 마음이 있다고 하더라도, 인간의 한계로 인해 참 도움을 주기가 어려운 경우가 많습니다. 반면 하나님은 한계가 없으신 분입니다. 나라의 홍

망성쇠를 주관하시는 분도, 교회와 가정을 새롭게 해주실 분도 하나님이십니다. 그런 하나님을 부를 수 있다는 것, 도움을 요청할 수 있는 분이 우리에게 있다는 것은 참으로 감사한 일입니다.

우리나라의 자살률은 OECD 국가 가운데 1위라고 합니다. 왜 사람들이 자살을 할까요? 마땅히 의지할 곳이 없기 때문입니다. 기댈 곳이 없기 때문에, 혹은 혼자라는 생각 때문에 우울증에 빠져 자살하는 것입니다. 그러나 모든 것을 다 잃는다 하더라도 하나님 한 분만 잃지 않는다면 다시 일어설 수 있습니다. 하나님을 잃어버리면 모든 것을 다 소유했다고 해도 허사입니다. 그러나 하나님 한 분만을 놓지 않는다면 우리는 언제든 다시 시작할 수 있습니다.

성경에 보면 욥은 건강도, 재산도, 자녀들까지도 모두 잃습니다. 부인과 친구들마저 욥을 비난하며 떠납니다. 그러나 그런 상황에서도 욥은 하나님을 떠나지 않았습니다. 그 결과 어떻게 되었습니까? 말년에 갑절의 복을 받아 누렸다는 것을 우리는 기억해야 합니다. 현재 눈앞의 상황이 모든 것을 잃어 아무것도 없다고 할지라도 낙심할 필요가 없습니다. 무에서 유를 창조하시는 하나님, 낮은 자를 높여주시는 하나님, 죽은 자를 살리시는 그 하나님을 잃어버리지 않는다면 우리는 반드시 다시 회복할 수 있고, 이 나라는 다시 일어설 수 있습니다.

우리에게는 부를 수 있는 대상이 있습니다. 그러므로 기도할 수 있는 한 절망할 필요가 없습니다. 우리 인생은 하나님 아버지로 인해 언제든 다시 시작할 수 있기 때문입니다.

나사로를 잃은 예수님께서 무엇보다 감사의 기도를 먼저 드릴 수 있었던 것은 부를 수 있는 대상, 하나님 아버지가 계셨기 때문이라는 것을 기억하시기 바랍니다.

둘째로 예수님이 감사할 수 있었던 또 다른 이유는 하나님께서 하실 일을 미리 바라보았기 때문입니다. 하나님께서 하실 일이란 무엇을 의미할까요? 나사로가 살아날 것을 미리 바라보셨다는 말씀입니다. 현재는 나라가 어지러운 상황 가운데 있더라도 앞으로 대한민국이 세계 최고의 강대국이 될 것을 바라보시기 바랍니다. 우리의 지도자가 가장 깨끗하게 일을 잘하고, 가장 태평성대를 이룰 지도자가 되어줄 것을 바라보고 감사하자는 것입니다. 예수님의 감사는 살아날 줄 알고 하는 감사였습니다. 모든 문제가 해결될 것으로 믿고 감사하시기 바랍니다. 지금 상황은 너무 힘들고 어렵고 고통 가운데 있다 할지라도 예수님처럼 감사할 수 있는 이유는 모든 것들을 하나님이 회복시켜주실 것을 믿기 때문입니다. 지금 겪고 있는 질병 또한 하나님이 고쳐주실 것을 믿고 바라보시기 바랍니다. 바라보면 감사가 나오도록 되어 있습니다. 하나님께서 물질의 문제를 해결해주시고, 직장의 문제, 가정의 문제를 해결해주실 것을 바라보시기 바랍니다. 그럴 때 우리의 입에서는 "하나님, 감사합니다"라는 기도가 나오도록 되어 있습니다.

기도의 응답을 많이 체험한 사람에게는 공통적인 특징이 있습니다. 포기하지 않는다는 것입니다. 끝까지 포기하지 않고 기도하면 반드시 이루어주실 것이라는 확신이 있기 때문에 절대 포기하지 않습니다.

그런데 어떻게 이러한 확신을 가질 수가 있을까요? 하나님의 성실함 때문에 믿을 수 있는 것입니다. 과거에 일하셨던 하나님, 내 기도에 응답해주셨던 하나님이 지금도 여전히 일하시고, 응답하시고, 또 앞으로도 응답하실 분이라는 것을 믿기 때문입니다. 하나님은 무소부재하시고, 전지전능하신 분이십니다. 과거에나 지금이나 영원토록 동일하게 일하시는 하나님의 성실성을 믿으시기 바랍니다.

본문의 내용을 살펴보면 예수님은 "내 말을 들으신 것을 감사합니다"라고 한 다음 또다시 "항상 내 말을 들으시는 줄을 내가 알았나이다"라고 기도합니다. 바로 하나님의 성실성에 대한 고백입니다. 또한 고린도후서 1장 8절에 "형제들아 우리가 아시아에서 당한 환난을 너희가 모르기를 원하지 아니하노니 힘에 겹도록 심한 고난을 당하여 살 소망까지 끊어지고"라고 했습니다. 사도 바울의 고백이 살 소망까지 끊어졌다는 것입니다. 그런데 그 다음 10절에서 사도 바울은 또 뭐라고 고백합니까? "그가 이같이 큰 사망에서 우리를 건지셨고 또 건지실 것이며 이 후에도 건지시기를 그에게 바라노라"라고 합니다. 하나님은 과거 우리를 건지셨고, 현재도 건지시고, 앞으로도 건져주신다는 믿음입니다.

과거와 현재와 미래까지 하나님은 성실하게 일하시는 분이십니다. 그 성실성을 생각하며 "주님, 이 나라를 회복시켜주실 줄 믿습니다. 우리의 가정과 직장과 사업장과 내 자신의 회복이 일어날 줄 믿습니다"하고 믿음으로 나아가시기 바랍니다.

눈물의 선지자 예레미야는 이렇게 이야기합니다. "내 고초와 재난 곧 쑥과 담즙을 기억하소서 내 마음이 그것을 기억하고 내가 낙심이 되오나 이것을 내가 내 마음에 담아 두었더니 그것이 오히려 나의 소망이 되었사옴은 여호와의 인자와 긍휼이 무궁하시므로 우리가 진멸되지 아니함이니이다"(애 3:19~22).

여호와의 인자와 긍휼이 무궁하시므로 우리가 진멸되지 않는다는 것입니다. 왜 우리가 망하지 않는다는 걸까요? 당시 예레미야가 있던 이스라엘은 국란이 일어나고 민족이 기울고 국운이 쇠약할 때였습니다. 그런 시기에 예레미야 선지자가 "우리는 진멸하지 않는다"라고 이야기하고 있는 것입니다. 그러면서 그다음에 고백하기를 "이것들이 아침마다 새로우니 주의 성실하심이 크시도소이다"(23절)라고 찬양합니다. 과거에 일하셨고, 현재도 일하시며, 미래에도 변함없이 일하실 하나님을 바라보시기 바랍니다.

감사의 이유에 대해 살펴봤다면, 이제는 어떻게 감사기도를 드려야 하는지 생각해봐야 합니다. 첫 번째로 감사기도를 드릴 때는 반드시 믿음이 있어야 합니다. 본문 40절에 "예수께서 이르시되 내 말이 네가 믿으면 하나님의 영광을 보리라"고 합니다. 마르다가 죽은지 나흘이나 됐습니다. 이미 썩은 냄새가 나기 시작했습니다. 그럴때 예수님께서 "믿으면 보리라"고 말씀하신 것입니다.

어떤 사람들은 거꾸로 "보여주면 믿겠다"라고 이야기합니다. 그러나 예수님께서는 "보지 않고 믿는 것이 더 복되다"라고 말씀하신 것입니다. 이 나라와 교회와 가정 가운데 회복이 일어날 것을 믿으시기 바랍니다. 믿음의 눈으로 바라볼 때 나라와 교회와 가정 가운데 지각변동이 일어나고 새롭게 세워지는 역사가 일어날 것입니다.

두 번째로 감사의 기도를 드릴 때는 믿음과 함께 반드시 순종하는 마음이 따라야 합니다. 성경의 모든 기적들을 보면 한 가지 공통점이 있습니다. 하나님께서는 다 일하시되 어느 한 부분만은 남겨놓으셨다는 사실입니다. 바로 순종의 자리입니다. 죽은 사람을 살리는 일은 사람이 할 수 없습니다. 그것은 하나님이 하실 일입니다. 그러나 본문 말씀에 보면 "무덤이 굴이라 돌로 막았거늘"이라고 합니다. 예수님께서 "돌을 옮겨 놓으라"라고 하자 마르다는 "주여! 죽은 지가 나흘이 되었으매 벌써 냄새가 나나이다"라고 대답합니다. 물론 예수님께서는 무덤 앞에 서서 "돌아 굴러가라!"라고 말씀하실 수도 있으셨습니다. 그러나 이것은 사람이 해야 할 순종의 일이었습니다. 죽은 사람을 살리는 것은 주님이 하실 일이나 돌을 옮기는 건 사람이 할 수 있는 일이기 때문입니다. 하나님께서는 어떤 기적을 행하실 때 주님이 하실 일과 사람이 할 일을 분리해 놓으십니다. 사람이 해야 할 일, 이것이 바로 순종임을 기억해야 합니다.

　나라의 평화와 회복을 희망한다면 먼저 국민이 하나 되어야 합니다. 이것이 우리의 일입니다. 이념이나 생각이 다르다는 이유로 서로가 화를 돋우는 말을 해서는 안 될 것입니다. 서로 이해하고 덮어주고 용서하고 품어주는 것이 순종임을 기억해야 합니다. 하나님께 덮어놓고 이 나라가 하나 되게 해달라고 기도할 것이 아니라, 나와는 반대편에 선 사람에게 다가가 서로 간에 용서를 구하고 화목해야 합니다.

　예수님께서는 비통해하며 너무나 슬퍼 눈물까지 흘리던 그 상황 속에서도 감사의 기도를 하셨습니다. 부를 수 있는 아버지가 있었기 때문이며, 그분이 성실하신 분임을 믿었기 때문에 가능한 일이었습니다. 미리 감사하시기 바랍니다. 오병이어의 기적에서 미리 감사함으로 하나님의 기적을 보았던 것처럼 "항상 믿으면 보리라"는 믿음과 순종으로 역사를 이루어가야 할 것입니다.

세 가지의 발견

사 6:1~8

웃시야 왕은 열여섯 살에 왕이 되어 52년 동안을 통치했습니다. 군사를 재편하고 요새를 다시 만들어 이스라엘을 강대국으로 세웠습니다. 당시 나라가 얼마나 강했는지 암몬 족속이 웃시야 왕에게 조공을 갖다 바칠 정도였다고 합니다. 그러나 그는 안타깝게도 말년에 죄를 범하고 맙니다. "그가 강성하여지매 그의 마음이 교만하여 악을 행하여 그의 하나님 여호와께 범죄하되 곧 여호와의 성전에 들어가서 향단에 분향하려 한지라"(대하 26:16). 마음에 교만이 들어오면서 악을 행하게 되었던 것입니다. 결국 그는 문둥병에 걸려 죽게 됩니다.

나라에 위기가 찾아왔습니다. 외적으로는 강대국인 앗수르가 호시탐탐 노리고 있었으며, 내적으로는 이스라엘 백성들이 우상을 숭배하고 죄악을 저질렀습니다. 하나님이 심판을 하시려는 그런 상황이었습니다. 이때 이사야는 성전에 들어가 세 가지를 발견하게 됩니다. 그리고 이것은 이사야가 하나님 앞에 크게 쓰임 받을 수 있었던 이유가 됩니다.

　이사야는 첫 번째로 하나님을 발견했습니다. 하나님을 만난 경험이 없는 사람은 크게 쓰임 받을 수 없습니다. 이사야는 성전에 들어가기만 했을 뿐이었습니다. 그런데 그곳에서 하나님을 발견하게 됩니다. 이사야가 하나님을 발견하고 싶어서 발견한 것이 아니었습니다. 하나님께서 이사야에게 찾아와주셨다는 이야기입니다. 이것이 하나님의 은혜입니다.

　모세는 양을 치고 있었습니다. 그런데 가시떨기 불꽃 가운데서 모세를 부르시는 하나님의 음성을 듣게 됩니다. 하나님이 찾아주셨습니다. 그 은총으로 모세는 민족의 지도자가 되어 이스라엘 백성들을 출애굽시킵니다.

　사무엘도 마찬가지입니다. 성전에 있는 사무엘에게 하나님께서 찾아와주셔서 "사무엘아, 사무엘아" 불러주시고, 선지자의 삶을 살게 해주셨습니다.

　예수님은 베드로에게도 찾아와 주셨습니다. 물고기를 한 마리도 잡지 못해 그물을 재정비하고 있는 베드로에게 찾아오셔서 만나주시고 사람을 낚는 어부가 되게 해주셨습니다. 예수 믿는 사람을 죽이러 가는 사도 바울에게도 찾아오셔서 최고의 사도로 세워주셨습니다.

　지금 우리가 해야 할 일은 하나님의 은총을 바라는 것입니다. "하나님, 나를 만나주시옵소서. 하나님을 발견하게 도와주시옵소서. 하나님, 당신의 은혜를 체험하게 해주시옵소서"라고 기도해야 합니다. 이사야가 하나님께 면회를 신청한 것이 아니었습니다. 하나님의 은혜로 그분을 발견하게 된 것입니다.

두 번째로 이사야는 자신의 죄를 발견했습니다. 하나님께 쓰임 받으려는 사람은 먼저 성결해야 합니다. 자신의 죄를 발견하지 못하면 하나님께 쓰임 받을 수가 없습니다. 하나님이 제일 싫어하시는 것이 바로 죄입니다. 대제사장이 입는 여덟 가지 옷 중에 제일 안쪽에 입는 것이 세마포라는 옷입니다. 세마포는 성결을 상징합니다. 하나님의 일을 하는 사람은 죄로부터 깨끗해야 한다는 상징적 의미입니다.

이사야는 제일 어려운 시기에 성전에 찾아갔습니다. 그리고 은혜로 말미암아 하나님을 만나 자신의 죄를 발견하게 되었습니다. 어두울 때는 먼지가 보이지 않습니다. 하지만 햇빛이 비추면 내 앞에 있는 먼지가 드러나는 것을 발견하게 됩니다. 나 혼자 있을 때에는 죄가 보이지 않았습니다. 하지만 하나님 앞에 서니까 죄가 낱낱이 드러나게 되더라는 것입니다. 본문 말씀 5절에 보면 이렇게 이야기합니다.

"그때에 내가 말하되 화로다 나여 망하게 되었도다 나는 입술이 부정한 사람이요 나는 입술이 부정한 백성 중에 거주하면서 만군의 여호와이신 왕을 뵈었음이로다."

입술이 부정한 사람들 중에 함께 있으니 자신의 입술도 부정해졌다는 이야기입니다. 입술이 부정한 사람들과 함께 있고, 그 입술이 부정한 사람들과 함께 있어서 부정한 입술의 말들을 들으니 그의 입에서도 부정한 말이 나오는 것은 당연한 것이라는 뜻입니다.

하나님은 성결한 그릇을 사용하십니다. 집에 금그릇과 나무그릇이 있는데, 금그릇은 온갖 지저분한 오물들로 더럽혀져 있고 나무그릇은 비록 보잘 것 없으나 설거지가 잘 되어 있다고 가정해봅시다. 주인은 어떤 그릇을 사용하겠습니까? 하나님은 비싼 그릇이냐, 싼 그릇이냐를 보지 않으십니다. 희소성이 있는지 없는지를 따지지도 않으십니다. 하나님이 쓰시는 그릇은 오직 깨끗한 그릇입니다.

하나님은 모세를 부르실 때도 가시떨기에서 이렇게 말씀하셨습니다. "네가 서 있는 그 땅은 거룩한 곳이니 네 발에서 신을 벗어라." 더러운 신을 벗으라는 것입니다. 죄를 버림으로 하나님의 일을 할 수 있다는 뜻입니다. 베드로가 예수님의 말씀에 의지해 깊은 데에 그물을 내려 고기가 배에 가득 채워지자 그 즉시 했던 행동이 무엇이었습니까? "주님 나는 죄인입니다. 내게서 떠나시옵소서"라는 고백이었습니다. 죄로부터 성결하게 되는 것이 주님을 만난 자의 삶입니다. 주님을 만나고 그분의 은혜를 체험했다면, 주님 앞에 섰을 때 말씀을 통하여 내 죄를 발견할 수 있어야 합니다.

마지막으로 이사야는 자신의 사명이 무엇인지를 발견했습니다. 웃시야 왕이 죽고 나라는 위기에 처해 있었습니다. 백성들이 범죄를 저지르고 우상숭배를 하기 시작했습니다. 외적으로는 강대국인 앗수르가 호시탐탐 쳐들어오려고 노리고 있었습니다. 그런 힘들고 어려운 상황 속에서 백성들에게 말씀을 전하면서 나라를 구한 사람이 바로 이사야였습니다. 성전에서 하나님께서 이사야에게 말씀합니다. "내가 누구를 보내며 누가 우리를 위하여 갈꼬." 그때 이사야가 이렇게 대답합니다. "내가 여기 있나이다 나를 보내소서."

이사야는 자기의 사명을 알았습니다. 그것을 알았기 때문에 "나를 보내주세요. 내가 그 일에 쓰임 받는 도구가 되겠습니다" 하며 주님 앞에 고백할 수 있었던 것입니다. 이사야는 그때부터 백성들 앞에 서서 하나님의 말씀을 대언하는 자로서 외치는 자의 사명을 감당하게 됩니다. 하나님은 사명을 가지고 일하는 사람을 하나님의 사람으로 사용해 주십니다.

아무리 보잘 것 없는 사람이라도 큰일을 할 수 있습니다. "하나님, 내가 여기 있나이다. 나를 보내주소서"라며 자신의 사명을 발견하고 나아간다면 하나님은 그 사람을 통해서 일하십니다.

세 가지의 발견을 통해 우리가 주목해야 할 것이 있습니다. 바로 이사야가 하나님을 만나고, 죄를 발견하고, 사명을 발견한 때와 장소입니다.

이사야는 극심한 절망 가운데 중요한 세 가지를 발견했습니다. 그리고 절망 가운데 그가 한 일은 성전을 찾아간 일이었습니다. 성전에 갔더니 하나님이 찾아와주셨고, 자신의 죄를 발견했고, 사명을 발견하게 되었다는 사실입니다.

예수님께서 어린 시절 유월절을 지키기 위해 예루살렘 성전에 올라가셨다가 생겨난 일입니다. 순례 일정을 마치고 모두 집으로 돌아가는데 예수님은 홀로 성전에 남아 계셨습니다. 부모님은 예수님이 친족들 가운데 있는 줄 알고 그냥 갔다가 사흘 만에 예수님이 없는 줄을 알고 다시 성전으로 찾으러 온 것이었습니다. 그때 예수님이 하신 말씀이 무엇이었습니까?

"예수께서 이르시되 어찌하여 나를 찾으셨나이까 내가 내 아버지 집에 있어야 될 줄을 알지 못하셨나이까"(눅 2:49).

우리는 절망 가운데 있을 때 다른 곳이 아닌 성전을 찾아가야 합니다. 예수님께서는 "왜 나를 세상에서 찾으려고 하느냐"고 말씀하셨습니다. 절망 가운데 있다면 더욱이 주님 앞으로 나와야 합니다. 절망 가운데 더 간절하게 기도하게 되는 것입니다.

인생을 살아가다 보면 어느 순간이든 절망은 찾아오도록 되어 있습니다. 그때 우리는 반드시 내 아버지 집을 찾아가야 합니다. 그곳에서 하나님의 은혜로 죄를 발견하고, 사명이 무엇인지를 발견해 그 사명대로 쓰임 받아야 합니다. 그들 한 사람 한 사람을 통해 하나님은 나라와 교회와 가정을 다시 회복시켜 주실 것입니다.

PART
02

다시

일어서려거든

다시 일어서려거든

삼하 18:1~8

많은 사람들이 패배감으로 인해 침체에 빠져 살아갑니다. 낙심하고 절망하고 우울해합니다. 그러나 우리는 어떤 존재인가요? 하나님께서 자신의 아들을 죽이면서까지 살리신 값어치 있는 사람들입니다. 그러므로 넘어졌다 하더라도 다시 일어서고, 회복할 수 있어야 합니다. 역전하는 법을 배워야 합니다.

본문 말씀에 나오는 다윗은 바로 그런 사람이었습니다. 그는 항상 승승장구했습니다. 늘 이기는 삶을 살았습니다. 그래서 하나님께서 다윗과 함께하시므로 다윗이 어디를 가나 이기게 하셨다고 성경은 기록합니다. 그런데, 어느 날 아들 압살롬의 반역으로 다윗은 왕궁에서 쫓겨나 도망하는 상황에 이르게 됩니다. 다윗이 느꼈을 회의감과 배신감은 상상 이상이었을 것입니다. 그러나 다윗은 그대로 주저앉지 않았습니다. 그 깊은 절망과 무력함 속에서 다시 역전하는 삶, 일어서는 삶을 살았습니다. 우리는 다윗을 통해 다시 일어서는 법을 배울 수 있습니다.

다윗이 수렁에서 벗어나 승리할 수 있었던 첫 번째 비결은 자신을 정비했기 때문입니다.

"다윗이 그와 함께 한 백성을 찾아가서 천부장과 백부장을 그들 위에 세우고 다윗이 그의 백성을 내보낼새 삼분의 일은 요압의 휘하에, 삼분의 일은 스루야의 아들 요압의 동생 아비새의 휘하에 넘기고 삼분의 일은 가드 사람 잇대의 휘하에 넘기고"(1,2절).

이 말씀은 무엇을 의미합니까? 자체 정비를 했다는 것입니다. 군사를 다시 조직하고 재편성했습니다. 세 개 부대로 나눠서 내부 정비부터 다시 했습니다.

도망갈 때 줄을 맞춰 도망가는 사람은 없습니다. 조직적으로 도망가는 사람도 없습니다. 도망갈 때는 울면서 맨발로 도망가는 것이 보통입니다. 말 그대로 오합지졸입니다. 그러나 다윗은 달랐습니다. 먼저 정신을 가다듬고 다시 군대를 재정비하고 재개편했습니다.

대부분의 사람들은 어려운 일이 생겼을 때 패배감과 좌절감 속에서 외부적인 도움을 먼저 구하려고 합니다. 그러나 외부적인 도움을 바라기 전에 나 자신을 먼저 정비할 필요가 있습니다. 내 믿음과 체력, 정신 상태를 정비해야 합니다. 영적 건강상태를 점검해야 합니다. 내 안을 먼저 깨끗이 정비한 다음 우리는 그 다음 단계로 넘어갈 수 있습니다.

하루는 기자들이 유재학 농구 감독에게 "농구가 안 될 때는 어디서부터 풀어야 합니까?"라고 질문했습니다. 그러자 감독은 이렇게 대답했다고 합니다.

"자꾸만 슛을 남발해서는 안 됩니다. 자꾸 더 넣으려고 남발하지 말고 농구가 잘 안 될 때는 수비부터 정비해야 합니다."

인생을 살아가면서 무언가 자꾸 안 풀린다고 생각될 때, 우리는 자꾸 3점슛을 남발합니다. 그러다 보면 패배의 지름길로 갈 수밖에 없습니다. 내가 남보다 뒤쳐졌고, 낙오자가 되었다고 생각될 때일수록 자신부터 정비해야 합니다. 다시 일어서려면 스스로에게 힘과 의지가 있어야 합니다.

다음으로 수렁에서 벗어나 다시 승리하기 위해서는 동역을 해야 합니다. 본문에 보면 다윗은 부대를 셋으로 나눕니다. 삼분의 일은 요압, 또 삼분의 일은 아비새, 마지막 삼분의 일은 가드 사람 잇대에게 넘깁니다. 가드라는 지역은 블레셋의 5대 도시 중 하나입니다. 결국 잇대는 블레셋 사람이라는 이야기가 됩니다. 이스라엘과 블레셋은 원수 관계입니다. 다시 말해 다윗은 자기의 원수 국가 출신, 원수의 나라 출신 사람을 세 그룹의 가장 큰 장군으로, 세 장군 중 한 명으로 임명시킨 것입니다. 보통의 상식으로는 이해가 되지 않습니다.

그러나 우리에게도 이런 모습이 있어야 합니다. 적들을 선별하는 것도 중요하지만, 그보다 더 큰 능력은 적을 내 편으로 만드는 것임을 기억해야 합니다. 이것이 더 큰 능력입니다. 내 편으로 못 만든

다면 적과 친밀하게 지낼 수 있는 관계까지라도 만들어야 멋진 사람입니다. 우리는 흑백론이 너무 강합니다. 같은 편이 아니면 곧 적이라고 생각합니다. 그러나 혼자서 할 수 있는 일에는 한계가 있습니다. 두 명보다는 세 명이, 50명보다는 100명이 더 큰 일을 해낼 수 있습니다.

교회는 유람선이 아닌 군함이 되어야 합니다. 유람선은 선장과 선원 몇 명만 열심히 일하고, 나머지는 잠자고 TV보고, 먹고 놉니다. 그러나 군함은 그렇지 않습니다. 모두에게 각각의 역할이 주어집니다. 교회도 역할은 다 다르지만, 영적인 싸움을 벌일 때 한 사람의 낙오자나 방관자 없이 자신의 역할을 잘 감당할 수 있어야 합니다. 하나님의 거룩한 교회는 몇몇의 사람에 의해 움직이는 것이 아닙니다. 모든 성도가 함께 동역해서 이뤄가는 공동체입니다. 비록 나와 성격이 다르고 생각이 다르다고 할지라도, 하나님 나라를 위해 더 크게 일하기 위해서는 마음이 맞지 않는 사람들과도 동역할 수 있어야 합니다.

세상에는 세 종류의 사람이 있다고 합니다. 움직이지 않는 사람과 움직이는 사람, 그리고 움직이게 만드는 사람이 있습니다. 움직이지 않는 사람은 방관자입니다. 가만히 있는 사람입니다. 움직이는 자, 자기 맡은 일을 열심히 하는 사람은 성실한 사람입니다. 하지만 움직이게 하는 사람, 가만히 있는 다른 사람을 움직이게 하는 사람은 큰 사람입니다.

나 혼자 열심히 움직이기보다 움직이지 않는 사람에게 다가가서 손 내밀 수 있는 사람, 함께 동역하는 사람을 하나님은 더욱 기뻐하십니다. 서로 동역함으로 하나님 나라를 건설할 수 있습니다.

세 번째로 패배감을 딛고 우리가 승리할 수 있는 비결은 귀를 열고 지혜자의 말에 귀 기울이는 것입니다. 주변 사람들의 조언을 들을 수 있어야 합니다. 다윗이 부대를 세 개로 나눕니다. 그러고는 내가 싸우겠다, 내가 친히 혼자 나가겠다고 말합니다. 왕이 맨 앞에 나서 전쟁에 참석하겠다고 합니다. 솔선수범하는 모습입니다. 그런데 3절에 보면 백성들의 생각은 달랐습니다.

"왕은 나가지 마소서 우리가 도망할지라도 그들은 우리에게 마음을 쓰지 아니할 터이요 우리가 절반이나 죽을지라도 우리에게 마음을 쓰지 아니할 터이라 왕은 우리 만 명보다 중하시오니 왕은 성읍에 계시다가 우리를 도우심이 좋으니이다."

백성들이 이르기를 "왕은 나가지 마소서"라고 합니다. 백성들이 다 도망가도 그들의 목적은 다윗 왕 한 사람이므로 왕은 성읍에 있다가 자신들을 도와주는 것이 좋겠다고 조언합니다. 그리고 그 이야기를 들은 다윗은 "너희가 좋게 여기는 대로 내가 행하리다"라고 대답합니다. 신하들의 말에 귀를 기울였습니다.

사람은 나이가 들수록 남의 이야기를 잘 안 들으려고 합니다. 어릴 때는 말을 잘 듣다가 나이가 들수록 점점 남의 말에 귀를 닫습니다. 스스로 경험과 지혜가 많다는 생각으로 다른 사람의 말을 잘 들으려고 하지 않는 것 같습니다. 그러나 열린 마음으로 다른 사람의 말에 귀 기울이는 것은 젊게 사는 비결이 됩니다. 마음을 열고 남의 이야기를 들을 줄 알아야 합니다. 그런 사람은 쉽게 늙지 않습니다.

많은 사람들이 누군가로부터 지적을 받았을 때 그것을 못 받아들이고 속에서 분노를 일으킴으로 넘어집니다. 그러나 수렁에서 벗어나기 위해서는 아픈 이야기도 들을 줄 알아야 합니다. 그래야 변화가 생깁니다. 귀 기울여 듣되 가능하면 영적 지도자나 성숙한 사람으로부터 조언을 들으면 더 좋습니다. 물론 하나님의 음성을 들을 수 있다면 그것보다 좋은 것은 없습니다. 동일한 수준의 비슷한 생각의 사람들끼리만 이야기하면 발전하기 어렵습니다. 다시 일어서고자 한다면 귀를 열고 믿음의 선배, 신앙의 선배들을 찾아가시기 바랍니다. 그들의 말에 귀 기울이며, 기도와 말씀을 통해 하나님의 음성을 새겨들을 때 수렁으로부터 나올 수 있습니다.

마지막으로 다시 일어나 승리하는 비결은 행동하는 것입니다. 마귀를 대적하는 것입니다.

"이에 백성이 이스라엘을 치러 들로 나가서 에브라임 수풀에서 싸우더니 거기서 이스라엘 백성이 다윗의 부하들에게 패하매 그 날 그 곳에서 전사자가 많아 이만 명에 이르렀고 그 땅에서 사면으로 퍼져 싸웠으므로 그 날에 수풀에서 죽은 자가 칼에 죽은 자보다 많았더라"(6~8절).

본문에 보면 도망가다 수풀에 걸려 죽은 자가 칼에 맞서 싸우다가 죽은 자보다 더 많았다고 합니다. 우리의 싸움은 혈과 육의 싸움이 아니라 악한 영들과의 싸움입니다. 악한 마귀와 싸울 때는 절대로 도망쳐서는 안 됩니다. 맞서서 싸워야 합니다. 침체에 빠지고, 수렁에 빠지고, 패배감에 빠졌을 때 악한 마귀와 싸워야지, 사람과 싸워서는 안 됩니다. 하나님의 전신갑주를 머리부터 발끝까지 살펴보면 앞면만 가리게 되어 있다는 걸 알게 됩니다. 투구와 방패부터 공격하는 칼까지 전부 다 뒷면은 막을 수가 없습니다. 뒤로 돌아서 도망가는 순간, 공격을 받게 됩니다.

패배감과 좌절감에, 침체 속에 빠져 있다면 뒤로 물러서지 마시기 바랍니다. 칼에 죽은 사람보다 도망가다가 수풀에 죽은 사람이 훨씬 더 많았다는 것을 기억하시기 바랍니다. 그러니 마귀와의 전쟁은 피하는 것이 아닙니다. 돌아선다고 해결될 문제가 아닙니다. 하나님의 전신갑주로 무장하여 앞으로 나아가시기 바랍니다.

침체된 상황에서 벗어나기 위해서는 내 안을 먼저 정비해야 합니다. 내게 부족한 것이 무엇인지, 연약한 부분이 무엇인지, 나사가 풀린 게 무엇이고 기름칠해야 할 부분이 어디인지 정비해야 합니다.

그리고 그 정비가 끝났다면 함께 동역해야 할 사람이 누구인지 찾으시기 바랍니다. 적이라고 생각했던 사람과도 함께할 수 있어야 합니다. 한 명이라도 더 많은 동역자를 만들 때, 우리는 더 큰 역사를 이루어갈 수 있습니다.

또한 다른 사람의 말을 들으시기 바랍니다. 인간은 완벽하지 못합니다. 그러므로 비슷한 사람이 아닌 지혜로운 조언을 해줄 수 있는 사람을 찾으시기 바랍니다. 하나님께 기도하셔서 성령의 음성을 들으시기 바랍니다.

마지막으로 마귀와 맞서 싸울 수 있어야 합니다. 사람과의 싸움이 아니라 악한 마귀와의 영적 싸움이라는 것을 꼭 기억해야 합니다. 그때 우리는 다시 일어설 수 있습니다.

참고, 견디고, 기도하라

요 2:17~22

어느 마을에 꽃 파는 할머니가 계셨습니다. 할머니는 가난하고 몸도 불편했지만 날마다 웃고 다녔습니다. 사람들이 물어봅니다. "아니, 할머니! 왜 이렇게 웃고 다니십니까?" 이때 할머니의 대답은 "행복하니까 웃지"라는 것이었습니다. 평소 할머니에 대해 궁금하게 생각한 어느 이웃이 진지하게 할머니에게 묻습니다. "할머니, 어떻게 그렇게 늘 밝게 웃으실 수 있는지 궁금해요. 비법 좀 가르쳐주세요." 그러자 할머니는 이렇게 대답했다고 합니다.

"나는 힘든 일이 있을 때면 죽음에서 다시 살아나신 예수님을 묵상합니다. 그 예수님을 묵상해 보면 아무리 힘들고 어려워도 예수님께서 사흘 만에 부활하신 것처럼, 나도 사흘 안에 다시 일으켜 세워주실 것이라는 확신이 생기지요."

할머니의 행복의 비결은 무엇이었습니까? 예수님께서도 모진 고통과 고난을 받으시고 십자가에 죽기까지 하셨지만 사흘 후에는 다시 살아나셨다는 믿음이었습니다. 힘든 고비마다 그것을 묵상함으로써 '우리의 고난은 영원하지 않다'는 것을 믿음으로 되새겼던 것입니다. 아무리 지치고 힘들다 하더라도 언젠가는 그 고난이 끝나고, 부활의 영광이 반드시 찾아올 것이라는 믿음만 있다면 현재의 고난은 이겨낼 수 있습니다.

본문에 보면 유대인들이 예수님에게 묻습니다. "네가 정말로 하나님의 아들 구세주고 우리를 구원할 구원자면 표적을 보여달라." 그런데 예수님께서는 뜬금없이 이렇게 대답하십니다. "너희가 이 성전을 헐라 내가 사흘 동안에 일으키리라."

예수님께서는 사흘 동안에 일으킨다고 말씀하셨습니다. 그러니 유대인들로서는 이해가 안 되었을 것입니다. 어떻게 사흘 만에 성전을 다시 세우냐는 것입니다. 그래서 20절에 또 질문을 합니다. "유대인들이 이르되 이 성전은 사십육 년 동안에 지었거늘 네가 삼일 동안에 일으키겠느냐." 그러나 21절 본문에 뭐라고 말씀합니까? "그러나 예수는 성전 된 자기 육체를 가리켜 말씀하신 것이라."

예수님께서 성전을 사흘 만에 일으켜 세워주시겠다는 것은 다시 말하면 사흘만 참으라는 말씀이었습니다. 살다 보면 어려운 일들이 많습니다. 도저히 이해하지 못할 일들도 있기 마련입니다. 참기 어려울 때가 한두 번이 아닙니다. 그러나 '사흘 만에 일으키리라'는 말씀에는 "네가 조금만 참으면 뭔가를 보여줄 수 있다"라는 의미가 담겨 있습니다. 예수님께서는 십자가에 못 박혀 죽으실 때 정말로 많은 조롱을 받으셨습니다. 침 뱉음도 당하셨습니다. "네가 메시야면 십자가에서 내려오라"는 조롱과 "남은 구원했는데 왜 너를 구원 못 하느냐"는 비난, "하나님의 아들이라면서 어떻게 저렇게 힘없이 죽어가느냐"는 모욕을 들어야만 했습니다. 그러나 예수님은 참으셨습니다. 십자가에게 죽으시고 반드시 사흘 만에 부활하실 것을 아셨기 때문에 어떤 모욕도 부활의 영광을 맛보기 위한 것으로 알고 십자가에서 내려오지 않으셨습니다. 어떤 비아냥거림이든 조롱이든 빈정거림이든 끝까지 참으셨다는 것입니다.

나를 흉보고, 욕하고, 뒤에서 수군거리는 것을 듣고도 참기란 쉬운 일이 아닙니다. 그러나 그 소리를 듣고도 참을 수 있어야 합니다. 예수님이 우리에게 끝까지 참는 본을 보여주셨던 것처럼, 십자가에서 얼마든지 내려올 수 있는데도 내려오지 않으셨던 것처럼 나를 비난하고 조롱하는 사람도 인내할 수 있어야 합니다. 그럴 때 우리는 회복의 역사를 경험하게 됩니다.

아브라함은 100세에 얻은 아들 이삭을 번제물로 드리라는 하나님의 명령을 받습니다. 너무도 당황스러웠을 것입니다. 그러나 아브라함은 하나님의 명령을 받고 즉각적으로 움직였습니다. 아침 일찍 일어나 사흘 길을 걸어갑니다. 그러고는 모리아 산에 아들과 둘이 올라 아들을 제물로 드리려고 하는데, 그때 하나님이 얼마나 급하셨는지 "아브라함아! 아브라함아!" 하며 부르십니다. 양을 준비해놓았으니 그 양을 잡아다가 번제물로 드리라는 것이었습니다. 그러면서 말씀하시기를 "네가 하나님을 경외하는 줄을 내가 이제야 알았다"고 말씀하십니다.

만약 우리가 아브라함이었다면 하나님의 뜻이 드러나기까지 참기 어려웠을 것입니다. "하나님, 아버지께서 주신 아들을 이렇게 다시 데려가실 수 있습니까?"라며 원망하고 하소연했을지도 모릅니다. 그러나 기억해야 합니다. 하나님은 아브라함의 그 순종하는 모습을 보고 "이제야 네가 나를 경외하는 줄을 알았다"라고 말씀하셨습니다. 아브라함의 순종과 인내를 보시고 복을 내려주셨습니다. 사흘만 참으면 됩니다.

사흘 만에 일으켜 세워주시겠다는 것은 사흘만 견디라는 의미도 담고 있습니다. 살다 보면 정말 견디기 힘든 일이 태풍같이 몰아칠 때가 있습니다. 차라리 죽고 싶다는 생각이 들 수도 있습니다. 그러나 사흘만 견디면 다시 일어설 수 있다는 것입니다.

예수님은 가장 견디기 힘든 십자가의 고통을 앞두고 사흘 동안 일으키리라고 말씀하셨습니다. 십자가의 고통은 우리가 상상하는 것 이상입니다. 예수님은 밤새 고통을 받고, 심문을 받고, 십자가를 짊어지고 채찍을 맞아가며 고난의 시간들을 견디셨습니다. 손과 발에는 못을 박고, 머리에는 가시면류관을 쓰고, 물과 피를 한 방울도 남김없이 쏟으셨습니다. 그 고통의 시간들을 다 견디셨습니다.

오늘날 인간들도 여러 고통 가운데 살아갑니다. 저마다 짊어지고 가야 하는 십자가가 있습니다. 가장이라는 짐, 엄마라는 짐, 또 직분자라는 짐도 있습니다. 말 못할 무거운 짐들도 있을 것입니다. 그러나 예수님은 말씀하십니다. "수고하고 무거운 짐 진 자들아, 다 내게로 오라. 내가 너희를 편히 쉬게 하리라."

때로는 정말로 견디기 힘들 때가 있을 것입니다. 그러나 그 견디기 어려운 무게들을 져야 하는 순간, 예수님의 십자가를 생각하시기 바랍니다. 예수님께서 십자가에서 내려오셨다면 우리에게는 구원이 없었을 것입니다. 부활의 영광은 영영토록 없었을 것입니다. 하지만 예수님께서는 물과 피를 다 쏟으시면서 그 시간을 견디셨습니다. 사흘만 견디면 부활의 영광을 보게 하리라는 그분의 약속을 믿으시기 바랍니다. 하나님은 반드시 우리를 다시 일으켜 세워주실 것입니다.

사울의 아버지는 어느 날 아들 사울에게 "가서 잃어버린 나귀를 찾아오라"고 명합니다. 사울은 돌아다니면서 나귀를 찾습니다. 반나절만 헤매고 다녀도 힘든 것을 무려 사흘 동안을 찾으러 다녔다고 합니다. 나귀를 찾아 헤매는 그 시간은 매우 고통스러웠을 것입니다. 나귀를 꼭 찾아야 한다는 압박감도 있었을 것입니다. 그러나 사울은 뜻밖에도 나귀를 찾아 나선 지 사흘 만에 사무엘 선지자를 만나 다음과 같은 이야기를 듣게 됩니다.

"사흘 전에 잃은 네 암나귀들을 염려하지 말라 찾았느니라 온 이스라엘이 사모하는 자가 누구냐 너와 네 아버지의 온 집이 아니냐"(삼상 9:20).

사흘 전에 잃어버린 암나귀를 찾았으니 걱정하지 말라고 합니다. 뿐만 아니라 앞으로 사울이 이스라엘의 초대 왕이 될 것을 이야기합니다. 사울은 그저 나귀를 찾으러 돌아다녔을 뿐인데 기름부음을 받아 왕이 되었다는 사실입니다. 인내하고 견딜 때 문제가 축복으로, 화가 복으로, 걸림돌이 디딤돌로 바뀌는 역사가 일어납니다.

마지막으로 사흘 만에 일으켜 세워주시겠다는 말은 사흘만 기도하라는 의미입니다. 사흘 동안 기도하면 운명이 바뀝니다. 요나는 하나님이 니느웨로 가라고 했지만 다시스로 가다가 풍랑을 만납니다. 그때 선장이 이야기합니다. "우리 배 안에 하나님께 죄를 범한 죄인이 타고 있을 것이다. 그러니 이 사람을 제비를 뽑아 가려내자."

요나는 바다로 던져졌지만 밤낮 사흘을 물고기 뱃속에서 기도하므로 결국에는 살아납니다. "여호와께서 이미 큰 물고기를 예비하사 요나를 삼키게 하셨으므로 요나가 밤낮 삼 일을 물고기 뱃속에 있으니라"(욘 1:17).

사흘간의 끊임없는 기도로 인해 물고기는 요나를 삼켰으나 소화시키지 못하고 토해냈다는 사실입니다. 사흘 만에 운명이 바뀐 요나는 니느웨로 가서 복음을 증거하고 니느웨 성을 살리는 도구로 쓰임 받게 됩니다. 사흘이면 운명을 바꿀 수 있습니다.

에스더도 사흘간의 기도로 엄청난 일을 이뤄낸 여인입니다. 하만이 유대인들 전체를 몰살시키려고 할 때 모르드개가 에스더에게 가서는 이렇게 말합니다. "네가 왕비가 된 것이 이때를 위함이 아니냐?" 그러자 에스더가 이렇게 이야기합니다. "당신은 가서 수산에 있는 유다인을 다 모으고 나를 위하여 금식하되 밤낮 삼 일을 먹지도 말고 마시지도 마소서 나도 나의 시녀와 더불어 이렇게 금식한 후에 규례를 어기고 왕에게 나아가리니 죽으면 죽으리이다"(에 4:16).

이후 온 이스라엘 백성들이 사흘간 금식합니다. 에스더와 시녀들도 사흘 동안 먹지도 마시지도 않습니다. 에스더가 "죽으면 죽으리라" 하는 심정으로 그렇게 나아갔더니 이스라엘 백성들 전체의 운명을 바꾸는 계기가 되더라는 것입니다. 사흘간의 금식기도로 민족이 다시 살아났습니다.

예수님께서 십자가의 고통을 참고 견디실 수 있었던 것은 겟세마네 동산에서 금식하며 기도했던 시간들이 있었기 때문이었습니다. 사흘만 참으면 역사가 나타나고 운명이 바뀝니다. 사흘만 기도하면 하나님께서 기적을 주십니다.

습관화해야 할 것들

빌 4:4~7

어떤 일을 실천에 옮기기까지 가장 중요한 것은 반복 훈련입니다. 단지 지식만을 쌓기 위한 것이라면 한 번 들으면 됩니다. 그러나 그 한 번 들은 것을 가지고 내 것으로 만들기는 쉽지 않습니다. 실천에 옮기기까지는 반복적인 연습이 필요합니다. 습관화하기 위해서는 반드시 반복이 필요합니다.

유태인의 교육 방법에는 3단계가 있다고 합니다. 첫 번째는 암기, 두 번째는 실천, 그리고 마지막 세 번째가 반복이라고 합니다. 반복 훈련을 통해 실천에 옮기게 하고, 그것이 습관화가 되고 나면 그제야 그동안 반복하고 습관화한 것의 의미를 깨닫게 해준다는 것입니다. 깨달은 다음에 행하는 것이 아니라, 먼저 실천함으로써 깨닫는다는 원리입니다.

요한복음 13장 7절 말씀에 "내가 하는 것을 네가 지금은 알지 못하나 이 후에는 알리라"라고 말씀합니다. 당시의 문화를 살펴보면 스승이 제자의 발을 씻기는 행위는 파격적인 것이었습니다. 보통은 제자가 스승의 발을, 종이 주인의 발을, 자식이 아버지의 발을, 신하가 임금의 발을 씻기는 것이 상식이었습니다. 그런데 예수님께서는 거꾸로 제자들의 발을 씻겨주신 것입니다. 제자들의 발을 씻기심으로써 "내가 겸손히 너희 발을 씻겨주며 섬김을 보여주었던 것처럼 너희들도 사람들에게 그리 하라. 지금은 너희가 무슨 이유인지 깨닫지 못하나 하다 보면 깨닫는 날이 올 것이다"라는 메시지를 전달해 주고 계신 것입니다.

말씀을 깨닫기 위해 첫 번째로 우리가 삶 가운데 습관화해야 할 것은 무엇일까요? 바로 기뻐하라는 것입니다. 기뻐하라는 것은 어떤 조건이 갖춰졌을 때 하라는 것이 아닙니다. 자녀가 장학금을 받았기 때문에 기뻐하고, 좋은 학교에 진학해 기뻐하고, 좋은 데 취직했으므로 기뻐하라는 것이 아닙니다. 남편이 승진해 기뻐하고, 아파트를 사게 되어 기뻐하고, 좋은 것들을 입고 마실 수 있는 환경이 되었기 때문에 기뻐하는 것이 아닙니다. 어떤 환경에서든지 기뻐하라는 것이 하나님의 메시지입니다.

기뻐할 만한 조건이 없을지라도 기뻐하다 보면 정말로 기뻐집니다. 이 기쁨은 창조된 기쁨을 의미합니다. 스스로 만들어내야 하는 기쁨입니다. 비록 세상에서는 힘들고, 괴롭고, 속상한 일이 있다고 할지라도 환경에 구애를 받아서는 안 됩니다. 우리는 어떤 조건 때문에 기뻐하는 것이 아니기 때문입니다. 기쁨의 조건이 없다고 할지라도 그 조건을 만들어낼 수 있어야 합니다.

4절 말씀에 "주 안에서 항상 기뻐하라 내가 다시 말하노니 기뻐하라"라고 합니다. 여기에는 두 가지 내용이 포함되어 있습니다. 먼저, 기뻐할 때는 주 안에서 기뻐하라는 것입니다. 누군가에게 손해를 끼치고, 나는 이익을 보았다고 가정해봅시다. 또 가까운 사람들과 모여 누군가의 험담을 주고받음으로 즐거운 시간을 가졌다고 가정해봅시다. 이것은 '주 안에서'의 기쁨이 아닙니다. '주 밖에서'의 기쁨은 될 수 있어도 '주 안에서'의 기쁨은 될 수 없습니다. 주님의 말씀이 육신이 되어 오셨으므로 우리는 말씀의 범위 안에서 기뻐해야 합니다.

다음으로 기뻐하되 항상 기뻐하라는 것입니다. 어떤 역경과 고난 중에라도 항상 기뻐해야 합니다. 빌립보서는 '옥신서신'이라는 별명을 갖고 있습니다. 사도 바울이 옥중에 있을 때 빌립보 교인들에게 편지한 내용이기 때문입니다. 그런데 바울은 본인이 옥에 갇혀 있는 환경 속에서도 "기뻐하라, 주 안에서 기뻐하라, 내가 다시 말하노니 기뻐하라"라고 말씀합니다. 사도 바울처럼 감옥에 있는 중에라도 기쁨의 이유를 창조해낼 수 있어야 합니다. 이것이 주님이 말씀하신 기쁨입니다.

우리가 항상 기뻐하지 못하는 것은 반복적인 훈련, 즉 기쁨을 창조해내는 훈련이 안 되어 있기 때문입니다. 아침에 눈을 떠서부터 기뻐할 수 있어야 합니다. 맑은 날에는 맑아서 기뻐할 수 있고, 비 오는 날에는 해갈의 기쁨을 맛볼 수 있어 기뻐해야 합니다. 이처럼 기쁨을 반복적으로 만들어내는 훈련을 하다 보면 기쁨도 습관이 됩니다. 기뻐하며 살다 보니 마음에는 평안이 찾아옵니다. 기뻐하는 삶이 특징이 되어야 합니다.

두 번째로 우리의 삶에 습관화해야 하는 것은 관용하라는 것입니다. "너희 관용을 모든 사람에게 알게 하라"고 말씀합니다. 성서에서 관용이라는 의미로 사용된 헬라어가 에피에이케이아입니다. 이 것은 '옳은 것보다 더 크다'는 의미를 갖고 있습니다. 다시 말하면 '정의보다 더 크다'입니다. 정의보다 더 큰 것이 관용이라는 것입니다. 그런데 정의보다 더 큰 개념이 용서입니다. 율법은 정의를 가르치지만, 정의보다 큰 것이 용서입니다. 그래서 사랑은 허다한 죄를 다 덮는다고 이야기합니다. 시시비비를 가리는 것, 잘잘못을 따지는 것은 정의지만, 용서하는 것은 관용입니다. 용서를 통해서 사람은 변화됩니다. 용서를 받으면 사람은 성장합니다.

때로는 정의라는 잣대가 필요할 수도 있습니다. 그러나 정의는 사람을 변화시키지는 못합니다. 사람은 용서와 관용을 통해 변합니다. 베드로는 예수님을 세 번이나 부인했습니다. 비난하며 저주까지 했습니다. 하지만 예수님은 그들을 용서하고 품어주셨습니다. 그때 그들은 변화되기 시작했습니다. 그러므로 정의보다 더 큰 개념인 용서를 반드시 몸 가운데 습관화시켜야 합니다.

본문을 통해 강조하고 싶은 핵심은 이것입니다. 우리는 왜 용서를 어려워할까요? 그것은 내 안에 기쁨이 없기 때문입니다. 내가 안 기쁜데 누구를 용서하겠습니까? 내 안에 참 기쁨이 있다면 용서는 어려운 일이 아닙니다. 아무리 성격 안 좋은 사람도 기쁘고 즐거우면 용서합니다. 자기 일이 잘 풀리고 기쁨이 충만하면 다 이해되고 용서됩니다. 기쁨이 있는 사람에게는 여유가 있습니다. 이해심이 생기고 융통성도 발휘됩니다. 너그러워집니다.

반면에 기쁨이 없는 사람은 마음이 닫혀 있음으로 용서가 어렵습니다. 그러니 우리는 항상 기쁘게 살아가야 합니다.

기분 좋을 때는 자식이 공부를 좀 안 해도, '어릴 때는 실컷 놀아야지'라는 생각을 하게 됩니다. 그러나 기분이 안 좋을 때 아이들이 게임하고 노는 것을 보게 되면 화부터 납니다. 내 기분에 의해 아이들을 잡았다가 풀어줬다 합니다. 그러니 무엇이 문제일까요? 내 마음에 여유가 없기 때문에, 기쁨이 없기 때문에 용서하지 못한다는 것을 인정해야 합니다. 따라서 상대방이 필요 이상으로 히스테리를 부린다고 느낄 때는 '지금 저 사람 마음에 기쁨이 없구나'라고 이해하며 피하는 것이 좋습니다.

우리는 기뻐함으로 용서하고 관용을 베풀 수 있어야 합니다. 마태복음 6장 12절 말씀에 "우리가 우리에게 죄 지은 자를 사하여 준 것 같이 우리 죄를 사하여 주시옵고"라고 했습니다. 이것은 기도의 순서입니다. 내가 먼저 남의 죄를 용서해주고 난 뒤, 하나님께 용서함을 구해야 하는 것입니다.

그 다음 14~15절에 뭐라고 말씀합니까? "너희가 사람의 잘못을 용서하면 너희 하늘 아버지께서도 너희 잘못을 용서하시려니와 너희가 사람의 잘못을 용서하지 아니하면 너희 아버지께서도 너희 잘못을 용서하지 아니하시리라."

결국은 내 기도가 응답받으려면 용서함을 먼저 받아야 한다는 것입니다. 죄가 가로막혀 있는 상태에서는 기도 응답을 받을 수 없습니다.

하나님께 예배드리는 것도 마찬가지입니다. 하나님은 흠 없는 예배를 받으십니다. 그러므로 자신을 거룩한 산 제물로 드려야 하는데, 나 자신이 죄 용서함을 받아 깨끗한 제물이 되어 있지 못하다면 흠 없는 제물이 될 수 없는 것입니다.

예물을 드릴 때도 형제에게 원망들을 만한 일이 생각나거든 재물을 제단에 놓고 가서 형제와 화목하게 하고 온 다음에 그 예물을 드리라고 하셨습니다. 그래야 그 예물을 받으신다는 것입니다. 그러니 용서, 관용이라는 것은 너무나도 중요한 것입니다. 기쁨을 만들어내는 훈련을 반복해 내 안에 기뻐하는 것이 습관화될 때, 관용이 생겨난다는 사실을 믿으시기 바랍니다. 여유가 생기면 아무리 감옥에 있든 시험과 환난과 고난과 역경 속에 있든 기뻐하게 됩니다. 예수님께서 습관을 따라 기도하셨던 것처럼 기쁨이 습관화가 되면 "알았어, 내가 그냥 용서해줄게, 이해한다"라며 무엇이든 쉽게 받아들이며 관용하는 사람이 되더라는 것입니다. 관용하는 사람이 될 때 비로소 하나님께 죄를 용서함 받고, 깨끗해진 몸으로 하나님께서 받으시는 예배를 드릴 수 있습니다.

그러니 항상 기뻐할 수 있어야 합니다. 기뻐하는 중에 관용이 생겨납니다. 용서하는 인생을 통해, 우리의 관용을 모든 사람들에게 알게 해야 합니다.

우리는 기쁨을 만들어내는 반복적인 연습을 해야 합니다. 그 반복적인 훈련을 통해 내가 왜 이렇게 기뻐해야 하는지, 진정한 깨달음을 얻을 수 있습니다. 그러나 기뻐하며 관용하는 사람이 되기 위해서는 열심히 기도하는 것도 중요합니다. 기쁨이 내 삶에 특징이 될 수 있도록, 관용이 내 삶에 특징이 될 수 있도록 날마다 기도해야 합니다. 그리하여 기쁨을 만들어내고, 만들어낸 기쁨 속에서 많은 사람들을 관용으로 대할 수 있는 하나님의 자녀가 되어야 할 것입니다. 이것이 하나님의 기뻐하시는 뜻입니다.

구별된 삶을 살아가려거든

민 6:17~21, 롬 12:1~2

예루살렘의 동쪽에는 800미터 높이의 산이 있습니다. 그 산이 바로 예수님께서 제자들과 자주 오르셨던 감람산입니다. 그런데 감람산에 가 보면, 들어가는 입구에 바리케이드를 쳐 놓고는 철조망으로 막아놓은 것을 보게 됩니다. 이유가 무엇일까요? 한국 사람들이 그 안으로 들어가서는 무작위로 감람나무 잎을 따고, 그것을 코팅해 사람들에게 선물로 나눠주기 때문이라는 것입니다. 성지순례가 무엇입니까? 예수님의 발자취를 따라가며 그분의 가르침에 은혜 받고, 감격하는 순례의 여정이 바로 성지순례입니다. 그러므로 사사로운 욕심으로 감람나무 잎을 몰래 따오는 행위는 올바른 성지순례의 모습도 아니고, 구별된 성도의 모습이 될 수도 없습니다. 우리는 세상에서 살아갈 때 하나님의 자녀로서 구별된 삶을 살아가야 합니다. 그럴 때 하나님께 칭찬받고 인정받는 자녀가 될 수 있습니다.

구별된 삶을 살아가기 위해서는 먼저 우리의 몸을 구별하여 하나님께 드려야 합니다. 민수기 6장에 보면 나실인에 대한 이야기가 나옵니다. 나실인은 '구별된 자'라는 뜻입니다. 세상의 욕망을 끊고 자신을 구별해 하나님께 헌신하기로 서원한 사람이 바로 나실인입니다. 민수기 6장에서 나실인 법에 대해 이야기할 때 "자기 몸을 구별하여"라는 말이 열세 번이나 나오는 이유도 이 때문입니다.

구별된 삶을 살아간다고 하면서도 몸과 마음이 서로 다른 쪽으로 향하는 사람들이 있습니다. 그렇다면 그것은 구별된 삶이 아닌 외식적인 행동에 불과합니다. 다시 말해 우리가 입으로는 찬양하지만 마음은 다른 곳에 머물러 있다면 그것은 외식이라고 할 수 있을 것입니다.

마태복음 26장에 보면 만찬이 끝난 다음 예수님께서 말씀하시기를 "내가 이제 죽고 삼일 후에 다시 부활해서 갈릴리로 먼저 가 있을 것이다"라고 합니다. 이 말을 들은 베드로는 나서서 말하기를 "내가 절대 예수님을, 죽을지언정 배신하지 않겠다"라고 합니다. 이때 예수님께서 뭐라고 말씀하십니까? "네가 닭 울기 전에 세 번 나를 배신하리라." 베드로는 "내가 주와 함께 죽을지언정 주를 부인하지 않겠나이다"라고 했지만 결국 예수님을 부인하게 됩니다. 당시 예수님을 배반하지 않겠다던 베드로의 마음은 진실이었을 것입니다. 다만 몸이 따라주지 못했을 뿐입니다. 마음과 몸이 다른 방향을 향해서는 안 됩니다. 항상 마음도 행동도 진실해야 합니다.

본문 말씀 1절에 보면 "그러므로 형제들아 내가 하나님의 모든 자비하심으로 너희를 권하노니 너희 몸을 하나님이 기뻐하시는 거룩한 산 제물로 드리라 이는 너희가 드릴 영적 예배니라"라고 합니다. 구약시대에는 죄를 짐승에게 전가시켜 그 짐승을 잡아 하나님께 제사지냈다면, 이제는 나 자신의 삶을 거룩하게 함으로써 하나님 앞에 산 제물로 드려야 합니다. 이것이 영적 예배입니다.

예수를 잘 믿는 부부가 있었습니다. 이 부부는 연로하신 부모님을 모시고 살았습니다. 어느 날 아버님이 외출을 하고 돌아오더니 아들 며느리를 불러다놓고 "앞으로는 교회에 나가지 말라"고 이야기합니다. 나가서 친구들 이야기를 들어봤더니, 교회 다니는 자식들은 제사상을 안 차린다는 게 이유였습니다. 이때 아들이 아버지를 설득합니다. "아버님, 그건 죽은 제사입니다. 제가 지금부터 아버님께 산 제사가 무엇인지를 확실하게 보여드릴게요."

이후로 아들과 며느리는 더욱 지극 정성으로 부모님을 섬깁니다. 끼니마다 부모님이 좋아하시는 맛있는 음식을 대접해드리고, 철마다 보약을 해드리고, 계절에 맞게 좋은 옷을 해드립니다. 살아 있는 제사를 드린 것입니다. 이렇게 산제사를 경험한 아버지가 훗날 아들을 따라 교회에 나가고, 하나님을 영접하게 된 것은 당연한 이야기입니다.

구별된 성도는 그 몸부터 구별된 삶을 살아야 합니다. 먹어야 할 것은 먹어야 하고, 먹지 말아야 할 것은 먹지 말아야 합니다. 가야 할 곳은 가고, 가지 말아야 할 곳은 피해야 합니다. 해야 할 일은 해야 하고, 해서는 안 될 일은 철저히 멀리해야 합니다. 그럴 때 산제사를 올려드릴 수 있습니다.

구별된 성도는 또한 마음을 구별하여 하나님께 드려야 합니다. 로마서 12장 1절에 "너희는 이 세대를 본받지 말고 오직 마음을 새롭게 함으로 변화를 받아 하나님의 선하시고 기뻐하시고 온전하신 뜻이 무엇인지 분별하도록 하라"고 합니다.

사람은 무한한 변화의 가능성을 가지고 있습니다. 그런데 이 변화가 좋은 방향으로 흐를 수도 있고, 나쁜 방향으로 흐를 수도 있습니다. 시간이 지날수록 거칠어지고, 난폭해지고, 이기적으로 변해가는 사람이 되어서는 안 됩니다. 그리스도인은 시간이 지나면 지날수록 하나님의 성품을 닮아가야 합니다. 하나님의 은혜로 성령 충만함을 받았다면 새로운 성품으로 변화하는 것이 당연합니다. 경건의 연습을 통해 믿음이 장성하다 보면 죄와 멀어지고, 나쁜 습관은 버리게 됩니다. 주님을 본받아 온유한 마음, 겸손한 마음, 성결한 마음, 사랑의 마음, 은혜로운 마음, 관대한 마음, 섬기는 마음, 베푸는 마음, 화평을 도모하는 마음, 남을 배려하는 마음이 자라나는 성도들이 되시기를 바랍니다.

구별된 성도가 되려면 이 세대를 본받지 않는 성결한 삶을 살아야 합니다. 왜냐하면 이 세상은 하나님과 점점 더 멀어지고 있기 때문입니다. 그래서 성경은 "이 세상을 본받지 말라"고 말씀합니다.

아담이 범죄하고 난 뒤 두려워하며 했던 행동은, 하나님의 낯을 피하는 것이었습니다. 하나님 앞에 죄를 범하면 하나님과 거리가 멀어지도록 되어 있습니다. 그렇기 때문에 죄를 범한 인간이 하나님을 피해 점점 더 멀리 떠나게 되는 것입니다.

문화가 발달하고, 경제 수준이 높아지고, 사람들의 의식이 깨어나면 하나님을 더 잘 섬기게 될 것으로 생각했습니다. 그러나 세상을 보면 그렇지 않다는 것을 알게 됩니다. 많은 사람들이 세상의 쾌락, 만능주의에 빠져 하나님으로부터 점점 더 멀어지고 있습니다. 정말 힘들고 어려울 때는 의지할 분이 하나님밖에 없었습니다. 그러나 언젠가부터 경제적인 여유가 생기고 살만해지니까 하나님이 축복해주신 그것들을 가지고 우상숭배를 하더라는 것입니다. 세상의 속성은 하나님과 멀어지게 만드는 것입니다.

세상의 밤 문화와 발달된 것들을 가만히 들여다보면 알 수 있습니다. 그곳에는 하나님과 담 쌓는 것 외에는 아무것도 없어 보입니다. 그것을 본받지 말아야 합니다. 우리는 구별된 하나님의 자녀임을 기억해야 합니다.

사사시대 400년 동안 일어난 일곱 번의 악순환이 다 무엇 때문이었습니까? 하나님과 멀어짐으로 생겨난 재앙이었습니다. 세상 문화에 빠져 이스라엘이 방탕했습니다. 우상숭배하며 하나님과 멀어졌던 것입니다. 성도는 몸과 마음을 구별하여 하나님 앞에 온전히 드릴 수 있어야 합니다.

마지막으로 구별된 삶을 살아가기 위해서는 하나님의 뜻을 구별해야 합니다. 살아가다 보면 경험과 지식이 쌓이고, 노하우라는 게 생겨납니다. 그런데 문제는 경험과 노하우가 축적되면서 인간들은 하나님의 뜻이 아닌 자신의 뜻대로 살아가고 싶어 한다는 것입니다. 그러나 인간의 뜻을 앞세우고 믿음 생활을 하다 보면 분명히 문제가 생기도록 되어 있습니다.

본문 말씀에 보면 "하나님의 선하시고 기뻐하시고 온전하신 뜻이 무엇인지 분별하도록 하라"고 합니다. 하나님의 뜻이 무엇인지를 우리는 분명히 알아야 합니다. 하나님은 선하시고, 기뻐하시고, 온전하신 뜻을 가지고 계십니다. 그러나 우리의 경험과 뜻은 온전한 것이 못 됩니다. 언제든지 틀릴 수 있다는 사실입니다. 그렇기 때문에 신앙생활 할 때 내 뜻을 앞세우고 갔다가는 요나와 같이 틀린 결정을 내릴 수 있습니다. 하나님이 니느웨로 가라고 하실 때 다시스로 가게 될 수 있다는 것입니다.

우리는 하나님의 뜻이 무엇인지 날마다 구하고 날마다 분별해야 합니다. 그분의 뜻을 분별하기 위해 날마다 성령의 충만함을 받아야 합니다. 하나님의 뜻이 최선의 길이고, 복된 길이며, 최고의 행복을 가져다주는 길임을 믿으시기 바랍니다.

어떤 사람이 이런 질문을 했다고 합니다. "여러분이 가지고 있는 여러 가지 기도 제목 중에 하나님이 딱 한 가지만 응답해주신다면 어떤 기도 제목을 말씀하겠습니까?" 그랬더니 어느 한 사람이 이런 대답을 했다고 합니다. "저는 부족해서 잘 모릅니다. 나에겐 여러 가지 소원이 있지만 나는 그것을 하나님께 맡기렵니다. 왜냐하면 내게 있어 무엇이 필요하고, 내게 무엇이 제일 좋은지 하나님이 아시기 때문입니다."

우리는 지각이 부족한 사람입니다. 그래서 마땅히 빌 바를 알지 못합니다. 항상 주변의 말에 귀 기울이고, 하나님의 뜻이 무엇인지를 분별하며 나아가는 성도들이 되시기를 바랍니다. 이것이 바로 우리가 살아가야 할 구별된 삶입니다.

1920년대 대서양을 최초로 횡단한 찰스 린드버그는 당시 완전한 영웅이었습니다. 그런 린드버그가 어느 날 영국을 방문하게 되었습니다. 이때 영국을 방문한다는 뉴스를 듣고 영국의 큰 담배회사 사장이 린드버그에게 한 가지 제안을 합니다.

"선생님이 영국에 도착하실 때, 우리 회사 담배 하나만 들고 있거나 물고 있어 주시면 우리가 사진 1장만 딱 찍겠습니다. 그리고 선생님께 5만 불을 드리겠습니다."

이때 린드버그가 뭐라고 답했을까요? "이렇게 저를 생각해주셔서 참 감사합니다. 그런데 저는 그리스도인입니다. 그래서 절대로 그런

광고를 찍을 수가 없습니다." 린드버그는 이 제안을 단칼에 거절합니다. 그리고 이 이야기가 미국 전역에 퍼지면서 미국의 그리스도인들이 많은 감동을 받게 됩니다. 그리고 린드버그를 위해 모금을 해서 모아진 10만 불을 린드버그에게 주었다는 이야기입니다.

우리는 세상 사람들과 구별된 하나님의 백성입니다. 비록 세상 사람들과 함께 어울려 살아가지만, 그 가운데서도 반드시 하나님의 뜻이 무엇인지를 구별하고 그분의 뜻 안에서 살아갈 수 있어야 합니다. 린드버그는 이렇게 생각했을 수도 있습니다. '그냥 담배 하나만 들고 있으면 돼. 물지 않고 들고만 있어도 되는데 뭘.' 그러나 그는 단호히 거절했다는 것입니다. 그것이 바로 하나님의 뜻이었기 때문입니다.

세상을 살아가다 보면 숱한 유혹들을 만나게 됩니다. 그러나 그때마다 자신의 경험을 앞세워서는 안 됩니다. 하나님의 뜻이 무엇인지 살필 수 있어야 합니다.

우리의 몸과 마음, 그리고 하나님의 뜻을 구별하여 살아가는 것, 이것이 무엇보다 중요한 성도의 삶인 것을 기억해야 합니다. 구별됨은 성도에게서 나타나야 할 표시입니다.

나를 향한 세 가지 질문

막 8:31~38

예수님께서는 때가 이르되 십자가에서 죽고 사흘 만에 다시 부활하실 것을 말씀하셨습니다. 그때 베드로가 항변하자 예수님께서는 "사탄아 내 뒤로 물러가라 네가 하나님의 일을 생각하지 아니하고 도리어 사람의 일을 생각하는도다"라고 하셨습니다. "누구든지 나를 따라오려거든 자기를 부인하고 자기 십자가를 지고 나를 따를 것이니라." 이것이 예수님의 가르침이셨습니다. 그리스도인들은 자기 스스로를 예수님의 제자라고 이야기합니다. 그러나 정말 제자로서의 삶을 살아가고 있는지 점검해보기 위해서는 세 가지 질문에 답할 수 있어야 합니다.

첫 번째 질문은 '나는 누구인가?' 하는 것입니다. 본문 34절 말씀에 "무리와 제자들을 불러 이르시되"라고 합니다. 예수님을 따르는 사람들 가운데에는 두 부류가 있었습니다. 하나는 무리이고, 또 하나는 제자입니다.

예수님을 따른다고 하지만 그들 중에도 무리가 있고 제자가 있을 수 있습니다. 무리들은 자신의 병을 고치기 위해서라든가 문제를 해결받기 위해서, 다시 말하면 자신의 필요를 채우기 위해서 예수님을 따르는 사람들입니다. 그래서 오병이어의 기적을 보면, 예수님께서 기적을 일으키시고 난 다음 날 사람들이 또 우르르 몰려옵니다. 그때 예수님께서 뭐라고 말씀하십니까? "너희가 나를 찾는 것은 표적을 본 까닭이 아니요 떡을 먹고 배부른 까닭이로다"(요 6:26)라는 것이었습니다. 전날 오병이어의 기적을 통해 배불리 먹은 사람들이 또다시 자신의 배고픔을 채우기 위해 예수님을 따랐던 것입니다. 자기의 유익을 위해서 예수님을 따랐던 이 사람들이 바로 무리입니다.

또한 그들은 예수님께서 예수살렘 성에 입성하러 올라가실 때, 자기들의 겉옷을 길에 깔고 종려나무 가지를 흔들면서 "호산나! 호산나! 다윗의 자손이다" 하면서 주님께 찬송을 올렸던 사람이었습니다. 그렇게 주님을 칭송했던 그들이 예수님께서 재판장에 끌려갈 때는 뭐라고 얘기합니까? 누가복음 23장 21절에 보면 "그를 십자가에 못 박게 하소서, 십자가에 못 박게 하소서"라고 소리 질렀다고 합니다. 그뿐 아니었습니다. 그들은 "저가 남을 구원하였으니 만일 하나님이 택하신 자 그리스도이면 자신도 구원할지어다"라며 예수님을 조롱했습니다.

이처럼 무리는 예수님을 따르다가도 나에게 유익이 없으면 떠나버리는 자기중심적인 사람들입니다. 예수님께서 예루살렘 성에 입성하실 때 무리들은 왜 예수님을 칭송했습니까? 예수님이 우리의 왕이 되어 주실 줄 알았기 때문입니다. 그런데 왕이 되어주기는커녕 오히려 재판장에 끌려가는 모습을 보고는 그때부터 예수님을 십자가에 못 박고, 조롱하고, 비웃고, 침 뱉으며 온갖 모욕을 주더란 것입니다.

하지만 제자는 어떻습니까? 제자는 절대로 자신의 이익에 급급하지 않습니다. 하나님 나라의 진정한 가치를 추구하는 것이 제자입니다. 그래서 주님은 무리가 아닌 제자를 찾고 계시다는 사실입니다.

《팬인가 제자인가》라는 책에서 저자 카일 아이들먼은 팬은 와서 환호하다가 사라져버리는 사람, 그러나 제자는 와서 죽고 섬기는 사람이라고 정리합니다. 팬은 자신의 감정에 따라 좋아지는 대상이 수시로 바뀌지만 제자는 그렇지 않습니다. 일편단심 주님만 의지하고 따라갑니다. 이것이 바로 제자의 삶입니다. 예수님이 원하시는 것은 무엇입니까? 팬이 많아지는 것을 원하시는 게 아닙니다. 예수님의 관심사는 신앙의 연수가 아니라 헌신의 깊이라는 것을 기억해야 합니다.

〈야곱의 축복〉이라는 가스펠송을 편곡한 이기현 씨는 미숙아로 태어났습니다. 뿐만 아니라 인큐베이터에 있을 때 산소 압력조절 실패로 시신경이 다 상해 맹인이 되었습니다. 그는 여덟 살 때 어머니를 따라 기도원에 갔다가 키보드를 치면서 찬양하는 소리를 듣게 됩니다. 그것이 하나의 계기가 되어 CCM곡 500여 곡을 작곡하고 편곡하면서 한국의 '스티비 원더'라는 별명을 얻게 됩니다. 훗날 그는 이렇게 간증했습니다. "내 눈보다 더 귀한 나의 예수님, 내가 맹인이 되어 예수님을 만났기 때문에 행복합니다. 나는 오직 예수님만 바라보고 오직 예수님만 의지하고 예수님만 증거하며 살겠습니다." 비록 두 눈을 잃었지만 그는 제자의 길을 걸었습니다.

두 번째로 스스로 질문해 봐야 할 것은 '나는 무엇을 따르는가?'하는 것입니다. 많은 사람들이 예수님을 따른다고 하면서 돈을 더 좋아합니다. 세상을 더 사랑하고 권력을 따릅니다. 세상의 권세는 잠깐의 매력은 있습니다. 그러나 결코 오래 가지는 못합니다.

"이 세상이나 세상에 있는 것들을 사랑하지 말라 누구든지 세상을 사랑하면 아버지의 사랑이 그 안에 있지 아니하니 이는 세상에 있는 모든 것이 육신의 정욕과 안목의 정욕과 이생의 자랑이니 다 아버지께로부터 온 것이 아니요 세상으로부터 온 것이라 이 세상도, 그 정욕도 지나가되 오직 하나님의 뜻을 행하는 자는 영원히 거하느니라"(요일 2:15~17).

우리는 세상의 그 어떤 것도 하나님 위에 두어서는 안 됩니다. 우리가 사랑해야 할 것은 오직 예수님뿐입니다. 주님 외에 사랑할 만한 것은 없습니다. 주님보다 더 사랑하는 것은 우상숭배입니다. 또한 하나님과 재물을 절대로 겸하여 섬기지 말라고 성경은 말씀합니다. 재물을 더 중히 여기든 예수님을 더 중히 여기든 둘 중에 하나를 중히 여기라고 성경은 우리에게 이야기하고 있는 것입니다.

과연 우리는 무엇을 좇아 살아가고 있습니까? 세상의 어떤 유행을 좇아 살아가고 있지는 않습니까? 세상의 어떤 모임에 기대어 살아가고 있지는 않습니까? 내가 예수님보다 더 사랑하는 게 무엇이고, 더 관심 갖는 게 무엇이고, 기도하고 말씀 묵상하고 교제하는 시간보다 더 신경 쓰고 애착 갖는 시간은 무엇인지 돌아보시기 바랍니다. 그것이 우상이 될 수 있음을 알아야 합니다.

솔로몬은 이 세상의 화려한 모든 것들을 경험한 뒤 "헛되고 헛되며 헛되고 헛되니"라고 고백했습니다. 세상의 것이 지금은 아무리 좋고 행복해보여도 그것은 잠시잠깐일 뿐입니다. 세상에서 주는 물은 영원한 목마름을 해결하지 못합니다. 예수님이 주신 생수만이 갈급함을 영원히 해결해줄 수 있는 것입니다.

예수님이 베드로와 안드레, 그리고 야고보와 요한을 부르실 때 그들은 배와 부친을 버려두고 예수님을 따랐습니다. 그리고 세관원이었던 마태는 돈을 얼마든지 벌 수 있는 세관직을 버려두고 예수님을 따랐습니다. 주님을 따르는 길은 고통과 희생이 따르기 마련입니다. 그러니 기쁘다고 주님을 따르고 슬프다고 따르지 않는다면 그 사람은 제자가 아닌 것입니다. 무엇을 하든지 어디에 있든지 오직 주님이 가신 그 길을 따라가는 것이 바로 제자 된 삶입니다.

우리가 평생 따라가야 할 대상은 바로 예수 그리스도뿐입니다. 예수 그리스도 안에는 모든 것이 다 있기 때문입니다. 그러므로 로마서 8장 1절에서는 "그러므로 이제 그리스도 예수 안에 있는 자에게 는 결코 정죄함이 없나니 이는 그리스도 예수 안에 있는 생명의 성령의 법이 죄와 사망의 법에서 너를 해방하였음이라"고 말씀하고 있는 것입니다. 예수 안에 있는 자는 율법으로부터 자유함을 누릴 수 있습니다. 에베소서 3장 6절 말씀에도 이야기합니다. "이는 이방인들이 복음으로 말미암아 그리스도 예수 안에서 함께 상속자가 되고 함께 지체가 되고 함께 약속에 참여하는 자가 됨이라." 우리는 상속자가 되고 함께 약속에 참여하는 자가 되는데 그건 바로 예수 안에 거할 때 가능하다는 이야기입니다.

마지막 세 번째 질문은 '나는 지금 어떤 삶을 살고 있는가?'입니다. 제자로서 예수님을 따르고 있다면 이제는 '어떤 삶을 살아야 하는지' 생각해봐야 합니다. 예수님께서는 무리와 제자들을 불러 말씀하실 때 누구든지 나를 따라 오려거든 자기를 부인하고, 자기 십자가를 지고 따르라고 하셨습니다.

'자기를 부인한다'라는 말은 이기적인 뜻을 버리고, 하나님의 뜻을 따르는 것을 의미합니다. 사도 바울은 빌립보서 3장 7~8절 말씀에 이렇게 이야기합니다. "그러나 무엇이든지 내게 유익하던 것을 내가 그리스도를 위하여 다 해로 여길 뿐더러 또한 모든 것을 해로 여김은 내 주 그리스도 예수를 아는 지식이 가장 고상하기 때문이라."

사도 바울에게 유익한 것은 로마 시민권자라는 신분이었습니다.

그는 가말리엘 학파에서 공부했던 사람입니다. 바리새인 중에 바리새인이었으며 율법으로는 흠이 없던 자였습니다. 그리고 베냐민 지파 사람입니다. 그런 자신에게 유익했던 모든 것들을 다 버렸다는 것입니다. 또한 모든 것을 해로 여김은 주 그리스도 예수를 아는 지식이 가장 고상하기 때문이라고 고백합니다.

그가 유익한 모든 것을 다 해로 여기고 배설물로 여겼던 이유가 무엇이었습니까? 오직 예수님을 알기 위해서였습니다. 예수님을 따르고자 한다면 가지고 있는 물질이나 소중하게 생각하는 인맥, 사회적인 명예까지도 배설물로 여길 수 있어야 합니다. 그래서 사도 바울은 갈라디아서 2장 20절 말씀에 이렇게 고백합니다.

"내가 그리스도와 함께 십자가에 못 박혔나니 그런즉 이제는 내가 사는 것이 아니요 오직 내 안에 그리스도께서 사시는 것이라 이제 내가 육체 가운데 사는 것은 나를 사랑하사 나를 위하여 자기 자신을 버리신 하나님의 아들을 믿는 믿음 안에서 사는 것이라."

내가 주인이 아니라는 것입니다. 내가 주인이 아니기 때문에 내 뜻을 다 버리고 말씀 위에 서서 주 뜻대로 살아갈 수 있는 것입니다. 이것이 자기 자신을 부인하는 삶입니다.

또한 제자는 '자기 십자가를 지고' 주님을 따라야 한다고 했습니다. 십자가는 고난과 희생, 아픔과 고통을 의미합니다. 주를 위해서 죽는 것이 십자가를 지는 삶입니다. 예수님은 우리를 구원하기 위해 십자가에서 고난과 희생을 감수하셨습니다. 마지막 피 한 방울까지 남기지 않으시고 다 쏟으시고 죽으셨습니다. 예수님의 삶을 따르는 제자도 마찬가지입니다. 삶의 현장에서 그리스도인으로서 감수해야 할 고난과 핍박, 수치와 고통의 십자가를 질 수 있어야 합니다. 우리에게는 모두 각자가 지고 가야 하는 십자가가 있습니다. 물질이 십자가고 될 수도 있고, 좋지 못한 관계가 십자가가 될 수도 있습니다. 건강이 십자가가 될 수도 있습니다. 그 십자가를 잘 지고 가야 합니다. 예수님께서는 누가복음 14장 27절에 "누구든지 자기 십자가를 지고 나를 따르지 않는 자도 능히 내 제자가 되지 못하리라"고 말씀하셨습니다.

토마스 아 켐피스의 《그리스도를 본받아》를 보면, 이런 글이 있습니다. "그리스도인은 십자가에서 도망칠 수 없다. 십자가를 피한다면 이미 그리스도를 따르는 자가 아니다. 밖으로 도망쳐도 십자가가 있고 안으로 숨어도 십자가가 있을 것이다. 위로 올라가도 십자가가 기다리고 밑으로 파고들어가도 십자가가 있을 것이다. 참고 순종하며 십자가를 져라! 그리하면 마지막에는 그 십자가 너를 져줄 것이다."

제자는 자기 십자가를 지고 가야 합니다. 십자가 없이는 면류관이 없기 때문입니다. 야고보서 1장 12절 말씀에 "시험을 참는 자는 복이 있나니 이는 시련을 견디어 낸 자가 주께서 자기를 사랑하는 자들에게 약속하신 생명의 면류관을 얻을 것이기 때문이라"고 했습니다. 베드로는 십자가에 거꾸로 매달려 죽고, 사도 바울은 참수형을 당했습니다. 바돌로매는 살가죽이 다 벗김을 당하여 죽고, 도마는 인도에 가서 창으로 찔림을 당하여 죽었다고 합니다. 제자들이 이렇게 죽음조차도 두려워하지 않은 이유가 무엇이겠습니까? 주님이 가신 십자가의 길을 기꺼이 감사하게 받아들였기 때문입니다.

제자로서의 삶을 살아가고 있습니까? 아니면 무리 가운데 한 사람으로 살아가고 있습니까? 자신을 돌아보시기 바랍니다. 또한 나의 관심이 세상을 향하고 있는지, 예수님께 사로잡혀 있는지도 점검해보시기 바랍니다. 제자는 어떠한 희생과 고통과 아픔이라도 끝까지 참고 인내하며, 마땅히 져야 할 십자가를 묵묵히 지고 가는 사람입니다.

하나님이 준비하신 것

창 22:9~19

세상의 모든 부모들은 자녀들에게 자신이 가진 최고의 것들을 주고 싶어 합니다. 천지 만물을 창조하신 전지전능하신 하나님 아버지도 마찬가지입니다. 하나님은 우리 인간들을 위해 무엇이든 미리 준비하고 주기를 원하십니다.

그런데 본문 말씀에 보면 하나님께서는 아브라함에게 하나밖에 없는 독자 이삭을 모리아 산에 갖다 바치라고 말씀합니다. 또 아브라함은 그 말씀에 순종해 아침 일찍 일어나서 모리아 산으로 향합니다. 보통의 상식으로는 이해하기 힘든 장면입니다. 그러나 이것이 전부가 아니었습니다. 아브라함이 아들을 바치려고 칼을 드는 그때, 하나님의 사자가 나타나서 말씀합니다.

"그 아이에게 네 손을 대지 말라 그에게 아무 일도 하지 말라 네가 네 아들 독자까지도 내게 아끼지 아니하였으니 내가 이제야 네가 하나님을 경외하는 줄을 아노라."

그렇습니다. 하나님께서는 아브라함을 위해 숫양 한 마리를 예비하셨던 것입니다. 마찬가지로 하나님께서는 오늘을 살아가는 우리들을 위해서도 준비해 놓으신 것이 있습니다. 하나님께서 우리를 위해 예비하신 것들은 무엇일까요?

첫째로 하나님께서는 자녀인 우리들을 위해 우주 만물을 창조하셨습니다. 해와 달, 그리고 수만 개의 별들을 만드셨습니다. 바다와 물고기들을 만드시고 작은 짐승과 큰 짐승들도 만드셨습니다. 수천 종류의 곤충들을 만드셨고, 나무와 꽃도 만들어주셨습니다. 공중에 나는 새들도 만드셨습니다. 이것이 다 우리 인간들을 위한 하나님의 창조였습니다. 또한 하나님께서는 이 우주 만물을 다 창조하시고 난 뒤 인간들에게 "이 땅을 다스리고 정복하라"고 말씀하셨습니다.

우리는 하나님의 창조물들을 보며 많은 생각을 하게 됩니다. 지구와 태양과의 거리가 지금보다 조금만 더 멀었다면 우리는 추워서 견딜 수 없었을 것입니다. 반대로 지구와 태양이 지금보다 더 가까이 붙어 있었다면 더워서 살 수 없었을 것입니다. 지구의 4분의 3이 물로 이뤄져 있다고 합니다. 그러나 만일 4분의 3이 물이 아니고, 4분의 1만 물이고 4분의 3이 육지였다면 어떻게 됐을까요? 4분의 3이 물이기 때문에 그 수증기가 올라가서 비를 내려 초목이 자라고 곡식이 자라고 과수가 자랄 수 있는 것입니다. 대기 순환이 원활하게 이뤄질 수 있는 것입니다. 이처럼 하나님께서는 우리를 위해 우주 만물을 세밀하게 창조해 주셨습니다.

두 번째로 하나님은 우리를 죄로부터 구원하시기 위해 구세주를 준비해주셨습니다. 범죄하고 타락한 우리 인간을 죄의 심판으로부터 구원하시기 위해 구세주를 미리 준비한 사실이 창세기 3장 15절에 기록되어 있습니다.

"내가 너로 여자와 원수가 되게 하고 네 후손도 여자의 후손과 원수가 되게 하리니 여자의 후손은 네 머리를 상하게 할 것이요 너는 그의 발꿈치를 상하게 할 것이니라."

아담과 하와가 마귀의 미혹에 넘어갔습니다. 선악을 알게 하는 나무의 열매를 먹으므로 에덴동산에서 쫓겨났고, 아담 한 사람으로 인해 이 땅에 범죄가 들어왔습니다. 그런데 범죄를 해결할 수 있는 방법은 예수 그리스도께서 십자가에서 죽으시는 것뿐이었습니다. 결국 하나님께서는 아담과 하와가 범죄하고 난 뒤에 곧바로 예수님을 예비하시고, 그 여자의 후손, 다시 말하면 예수님이 그 악한 마귀를 다스리게끔 해놓으셨다는 것입니다.

악한 마귀는 예수님을 십자가에 못 박아서 발꿈치를 상하게 했지만, 예수님은 십자가에 죽으심으로 사흘 만에 부활하시고, 사망을 이기셨습니다.

세 번째로 하나님은 우리를 위해 시험당할 때 피할 길을 예비하셨습니다. 예수님을 아무리 잘 믿어도 시험은 오도록 되어 있습니다. 교회에 열심히 다닌다고 고난이 우리를 비켜가지는 않습니다. 마찬가지로 환난도 옵니다.

인간들은 아무런 근심이나 걱정 없이, 시험이나 환난이나 질병이나 고통 없이 편안하게 살아가기를 바랍니다. 그러나 기억할 것은 이런 여러 가지 시험이 올 때 그 시험을 통해 우리가 영적으로 건강해지고 성숙해진다는 사실입니다. 하나님은 우리에게 육신을 주셨지만 영혼도 주셨습니다. 그러므로 육체가 강건하려면 운동을 해야 하듯, 영혼의 건강을 위해서는 시험을 견디고 이겨낼 수 있어야 합니다. 그래서 시편 기자도 119편 67절 말씀에 "고난당하기 전에는 내가 그릇 행하였더니 이제는 주의 말씀을 지키나이다"라고 고백하고 있는 것입니다. 또 119편 71절에서는 "고난당한 것이 내게 유익이라 이로 말미암아 내가 주의 율례들을 배우게 되었나이다"라고 고백합니다. 아무런 고난이나 시험 없는 삶에는 성장도 변화도 없습니다.

"사람이 감당할 시험 밖에는 너희가 당한 것이 없나니 오직 하나님은 미쁘사 너희가 감당하지 못할 시험 당함을 허락하지 아니하시고 시험 당할 즈음에 또한 피할 길을 내사 너희로 능히 감당하게 하시느니라"(고전 10:13).

또한 기억할 것은, 하나님께서는 우리에게 감당할 시험을 주시고, 시험 당할 즈음에 피할 길도 주신다는 것입니다. 이것이 아버지의 마음입니다.

예레미야애가 3장 33절 말씀에 "주께서 인생으로 고생하게 하시며 근심하게 하심은 본심이 아니시로다"라고 합니다. 다니엘은 사자 굴에 억울하게 들어갔습니다. 참소 당해서 억울하게 사자 굴에 들어갔지만 하나님은 거기서도 사자 입을 막으시고 피할 길을 내셨습니다. 감당할 만한 시험을 허락하시고, 시험 당할 즈음에 피할 길을 내시는 하나님이심을 믿으시기 바랍니다.

네 번째로 하나님께서는 우리의 필요를 준비해주셨습니다. 사람들은 어떠한 상황에 앞서 미리 겁을 내는 경우가 많습니다. 앞으로 일어날 일을 미리 앞당겨서 걱정합니다. 무엇을 먹을까, 무엇을 마실까, 무엇을 입을까, 자녀를 어떻게 교육시킬까를 놓고서도 걱정합니다. 고등학교 3학년 학생이 대학에 들어가기도 전부터 취업 걱정을 하기도 합니다.

마태복음 6장에 보면 예수님께서는 중언부언하는 기도를 하지 말라고 말씀합니다. 이방인들이 하는 기도라는 것입니다. 그러나 우리는 중언부언을 잘못 해석하는 경우가 있습니다. 한 기도를 하고, 또 하고를 반복하는 것이 중언부언이 아닙니다. 마실 것, 입을 것, 먹을 것을 위해 하는 기도가 이방인들의 기도, 다시 말해 중언부언하는 기도인 것입니다.

마태복음 6장 26절에 예수님은 "공중의 새를 보라 심지도 않고 거두지도 않고 창고에 모아들이지도 아니하되 너희 하늘 아버지께서 기르시나니 너희는 이것들보다 귀하지 아니하냐"고 말씀하십니다.

공중의 새도 하나님이 알아서 기르고 입히고 먹이시는데, 하물며 자녀 된 우리에게는 그렇게 하지 않으시겠느냐는 말씀입니다.

"그러므로 염려하여 이르기를 무엇을 먹을까 무엇을 마실까 무엇을 입을까 하지 말라 이는 다 이방인들이 구하는 것이라 너희 하늘 아버지께서 이 모든 것이 너희에게 있어야 할 줄을 아시느니라 그런즉 너희는 먼저 그의 나라와 그의 의를 구하라 그리하면 이 모든 것을 너희에게 더하시리라"(마 6:31~33).

자녀 된 우리들은 '그의 나라와 그의 의'를 구하는 기도를 먼저 해야 합니다. 그리하면 이 모든 것을 우리에게 주시겠다고 약속하셨습니다. 우리는 중언부언할 필요가 없습니다.

마지막으로 하나님은 우리 자녀들을 위해서 영원한 천국을 예비해 두셨습니다. 반대로 하나님의 자녀가 아닌 자들에게는 영원한 형벌인 지옥을 준비해 두셨습니다. 식물이나 동물과 달리 인간은 하나님의 형상으로 지음 받은 피조물입니다. 하나님께서 우리에게 생기를 불어넣으심으로 우리는 생령이 됐습니다. 따라서 영은 죽으면 하나님께로부터 왔기 때문에 하나님께로 돌아가고, 몸은 흙에서 왔기 때문에 땅으로 돌아간다고 이야기하는 것입니다. 육신의 죽음으로 끝나는 것이 아니라 죽음 이후에는 반드시 부활이 있다는 사실입니다.

유교에는 사후세계가 없습니다. 죽음으로 모든 게 끝납니다. 불교는 윤회설이라고 해서 자신의 업에 따라 생사를 거듭한다고 말합니다. 이 땅에서 덕을 베풀며 어질게 살면 부잣집 외동아들로 태어날 수 있고, 개처럼 살면 개로 태어날 수도 있다는 이야기입니다. 이것이 세상의 종교입니다. 세상 종교에는 구원이 없습니다.

요한계시록 21장 4절 말씀에 "모든 눈물을 그 눈에서 닦아 주시니 다시는 사망이 없고 애통하는 것이나 곡하는 것이나 아픈 것이 다시 있지 아니하리니 처음 것들이 다 지나갔음이러라"고 합니다. 이곳이 바로 주님께서 예비하신 천국의 모습입니다. 반대로 지옥의 모습은 어떠할까요? "그러나 두려워하는 자들과 믿지 아니하는 자들과 흉악한 자들과 살인자들과 음행하는 자들과 점술가들과 우상 숭배자들과 거짓말하는 모든 자들은 불과 유황으로 타는 못에 던져지리니 이것이 둘째 사망이라"(계 21:8).

하나님은 사랑의 하나님도 되시지만 공의의 하나님, 심판의 하나님도 되십니다. 오래 참으시지만, 영원히 참으시는 분은 아닙니다. 이것은 중요한 사실입니다. 그러므로 성도들은 주변에 아직 예수님을 영접하지 않은 이웃이 있다면 진심으로 다가가 그들이 우리가 믿는 하나님을 만나고 영접할 수 있도록 도와야 할 것입니다. 하나님께서는 믿는 자들을 위해 많은 것들을 예비해 두셨습니다.

나에게도 이런 착각이

눅 19:20~27

본문 말씀에 소개되는 '한 므나 받은 종'에게는 착각이 있었습니다. 그래서 주님으로부터 받은 그대로를 다시 주님 앞에 드렸을 때 "너는 악한 종이다"라는 책망을 받습니다. 착각 때문이었습니다. 이 착각은 돌이킬 수도 없을 뿐더러 후회해봐야 아무 소용이 없는 것이었습니다.

그에게는 어떤 착각이 있었을까요? 우리에게는 혹시 한 므나 받은 종과 같은 착각이 없는지 생각해볼 필요가 있습니다.

그에게는 안전에 대한 착각이 있었습니다. 그 착각 때문에 주인에게 받은 한 므나를 그냥 묻어두었습니다. 괜히 장사했다가 실패하면 주인에게 꾸중들을 것으로 생각했습니다. 많은 어려움과 문제를 만나면 어쩌나, 하는 걱정도 있었습니다. 받은 것을 잘 간직하는 것이야말로 주인의 꾸중도 피하고 장사하면서 고생도 면할 수 있는 안전한 방법이라고 생각했습니다. 안전에 대한 착각입니다.

사람들은 한 므나 받은 종처럼 안전에 대한 착각을 가지고 살아갑니다. 이런 이유로 삶에 있어서도 안전을 추구합니다. 안전을 위해 공부도 하고, 돈도 법니다. 안전을 보장해줄 것 같은 무언가를 쌓아가려 노력합니다. 그러나 그것은 착각입니다. 세상은 죄로 가득합니다. 하나님이 처음 세상을 만드실 때 아담 한 사람의 죄로 말미암아 온 세상에 죄악이 가득 찼습니다. 죄악이 가득한 세상에서 안전하게 사는 것은 불가능한 일입니다.

예수님은 세상에서 고난 없이 살아갈 수 있는 방법을 말씀하신 적이 없습니다. 제자들에게 고난 없는 삶, 문제없는 삶을 약속하지 않으셨습니다. 오히려 제자들에게 "너희도 나와 같이 고난을 받게 될 것이다"라고 말씀하셨습니다. 이 세상에 문제가 없는 곳은 없습니다. 언제 어디에서든 문제는 일어납니다. 사람이 살아가는 어디에서든 문제가 있고, 갈등이 있기 마련입니다.

교회 안에도 안전에 대한 착각으로 신앙생활하는 사람들이 있습니다. 서로 얼굴 안 붉히고, 갈등과 상처를 피해 신앙생활하려 하는 사람들이 있습니다. 구역모임이나 목장모임 등 소그룹 모임에 참석하면 성도들과 부대끼는 일이 생길 것으로 염려해 아예 모임에는 참석하지 않으려고 합니다. 그것이 편안하고 안전한 신앙생활이라고 착각하는 것 같습니다. 그런 사람들은 교회 일을 해도 생활에 방해 받지 않는 범위 안에서만 소극적으로 합니다. 온몸을 던져야 할 일에는 발을 들여놓는 것조차 꺼려합니다. 안전주의입니다. 그러나 가정이든 교회든 사람이 모인 곳에는 문제가 없을 수가 없습니다. 다만 문제를 이겨내는 교회, 문제를 은혜로 덮는 교회가 되어야 하는 것입니다. 피해서 될 일이 아닙니다.

때때로 상처는 우리의 믿음을 더욱 자라나게 합니다. 역설적으로 문제 있는 곳에 기쁨이 있고, 감사가 있고, 간증이 있는 것을 보게 됩니다. 그 안에서 믿음이 자라나기 때문입니다. 악한 마귀는 열심히 우리에게 문제를 가져다줍니다. 하지만 하나님은 그 문제를 통해서 우리의 믿음을 더욱더 정금과 같이 단련시켜 주십니다.

남자들이 모이면 가장 재미있게 하는 이야기 중 하나가 군대 이야기입니다. 이때 가장 많이 말하고, 목소리 높여 말하는 사람이 특수 훈련을 받은 사람, 공수부대나 수색대대 출신, 해병대 출신들입니다. 힘든 훈련을 받았으므로 더욱 할 말이 많은 것입니다. 예수님이 재림하실 때도 마찬가지입니다. 예수님 앞에 가장 할 말이 많은 사람은 온갖 시험과 환난과 역경을 이겨낸 성도들일 것입니다.

우리는 문제를 만날 때마다 세 가지를 기억해야 합니다. 첫째로 모든 문제에는 수명이 있다는 것입니다. 10년 전 고민을 지금까지 껴안고 살아가는 사람은 없습니다. 설령 있다 하더라도 그것은 특수한 문제나 상황일 것입니다. 우리가 하는 대부분의 소소한 문제에는 수명이 있습니다. 두 번째로 문제를 극복하도록 도와주는 것은 다름 아닌 또 다른 문제라는 사실입니다. 새로운 문제가 닥치면 그 문제로 인해 과거의 문제는 묻히기 마련입니다. 마지막으로 문제가 생겼을 때 장애물이라고 생각하지 않고 기회가 나에게 주어졌다고 생각할 때 우리는 문제를 통해 성장하게 됩니다. 문제를 기회로 삼을 것인지, 장애물로 삼을 것인지에 대한 선택은 우리의 몫입니다.

세상은 결코 안전한 곳이 못됩니다. 영원히 안전한 곳은 하늘나라 뿐입니다. 이 땅에서 안전을 찾으려고 하지 말고, 하나님 나라를 위해서 싸움에 동참하는 성도들이 되시기 바랍니다. 나를 괴롭게 하는 사람이나 상황을 통해서 훈련 받아야 합니다. 그리고 이겨낼 수 있어야 합니다.

한 므나 받은 종은 오해하고 있었습니다. 아무 일도 하지 않으면 주인에게 손해를 끼치지 않게 될 것으로 생각하고 그것으로 만족했습니다. 그러나 주인은 차라리 은행에라도 넣어뒀더라면 이자라도 받았을 건데 아무것도 하지 않고 그냥 가지고 있었다며 그 종을 책망합니다. 현상을 유지하는 것만으로는 책망을 받을 수 있습니다.

아무것도 안 하는 것은 죄입니다. 악한 종의 모습입니다. 주님의 몸인 주님의 핏값으로 사신 교회를 섬기는 사람이라면 아무것도 안 하고, 그저 안전하게 신앙생활하는 것으로 만족해서는 안 될 것입니다. 다섯 므나를 남기고, 열 므나를 남긴 종들처럼 열심히 땀 흘리며 충성하시기 바랍니다.

아일랜드 출신의 정치가인 에드먼드 버크는 이렇게 경고했습니다. "악이 승리하는 데 필요한 유일한 길은 착한 사람들이 아무것도 하지 않는 것이다. 아무것도 하지 않는 것이 바로 악이 승리할 때 필요한 것이다."

'한 므나 받은 종'은 또한 주인에 대한 착각을 하고 있었습니다. 주인은 엄한 사람, 무서운 사람이라는 오해를 했습니다. 하나님에 대해 우리도 오해할 때가 많습니다. "하나님! 저 사람은 신앙생활도 엉터리로 하는데 왜 저렇게 돈을 잘 버나요? 나는 정말로 열심히 하나님 믿는다고 믿는데 왜 이렇게 힘든가요?"라며 하나님의 일하심을 오해합니다. 혹은 "하나님, 왜 저 사람은 저렇게 편하게 신앙생활 하는데 나는 왜 이렇게 힘들게 신앙생활 해야 합니까? 왜 저 사람에게는 엄하게 안 하시면서 나에게만 엄하십니까?"라며 원망하고 불평합니다. 하지만 기억할 것은, 하나님은 우리에게 무엇인가를 요구하실 때 할 수 있는 만큼만 요구하신다는 사실입니다. 또 일을 시키실 때는 필요한 것을 공급해주십니다. 시험을 줘도 감당할 만한 시험을 주시고, 피할 길도 주시는 분이심을 믿어야 할 것입니다.

우리가 하는 대부분의 오해는 하나님을 잘 모르는 데서 비롯됩니다. 착각이 있기 때문에 원망을 하게 되는 것입니다. 우리는 주님이 이미 주신 것을 가지고 최선만 다하면 됩니다. 하나님께서는 우리들 각자에게 주신 것이 있습니다. 어떤 사람에게는 물질, 어떤 사람에게는 시간, 어떤 사람에게는 건강을 주셨습니다. 각자에 맞는 재능을 주셨습니다. 그것을 가지고 자신의 자리에서 최선을 다 하면 되는 것입니다. 그러면 나머지는 하나님이 책임져 주십니다.

하나님에 대한 어떤 잘못된 착각을 가지고 있는지 스스로 돌아보시기 바랍니다. 하나님은 우리를 사랑하시는 하나님입니다. 그래서 때로는 사랑하기 때문에 고난도 주시고, 용광로로 집어넣어서 우리를 훈련시키기도 하십니다. 하나님에게 오해가 있으면, 착각을 하다 보면 그 착각으로 인해 하나님을 원망하며 살 수밖에 없습니다. 하나님은 우리를 사랑하시되 끝까지 사랑하시는 분이라는 것을 기억하시기 바랍니다. 하나님에 대한 착각을 거두어야 합니다.

한 므나 받은 종은 또한 자신이 받은 것을 다른 종의 것과 비교하는 착각을 했습니다. 인간들 본성에는 비교 의식이 있습니다. 비교 의식은 대통령이 되어도, 억만장자가 되어도 사라지지 않습니다. 누구에게나 있는 것입니다. 아무리 훌륭한 사람도 비교 의식이 있습니다. 한 달란트 받은 사람은 자신의 것과 다른 사람의 것을 비교했습니다. 그러나 비교하는 순간부터 내 자신이 초라해집니다. 그리고 하나님을 원망하게 됩니다. 그렇다면 비교 의식을 버리려면 어떻게 해야 할까요? 창조 의식을 가지면 됩니다. 하나님은 한 사람 한 사람을 다 다르게 창조하셨습니다. 그것은 각 사람을 필요한 곳에 쓰시기 위한 것이었습니다.

하나님 앞에서 서로 비교하는 것은 무의미합니다. 누가 더 잘났는지 싸우라고 하나님이 다르게 만드신 것이 아닙니다. 각자에 맞는 사명이 있기 때문에 다 다르게 만드신 것입니다. 그러니 다른 사람과 비교할 이유가 없습니다. 내가 받은 것을 생각하며 최선을 다해 주님을 섬기시기 바랍니다.

우리는 하나님의 작품입니다. 하나님은 실수하지 않는 하나님이십니다. 우리를 실수로 잘못 만드신 하나님이 아닙니다. 각자에게 필요한 가장 완벽한 작품으로 만들어주셨다는 자부심을 가질 필요가 있습니다. 그럴 때 비교 의식이 아닌 창조의식을 가지고 승리하며 나아갈 수 있습니다.

이 세상에는 안전한 것이 없습니다. 그리스도인들은 주위를 둘러싸고 있는 문제들과 맞서 싸워서 이길 수 있어야 합니다. 믿음으로 승리해야 합니다. 그 훈련을 잘 이겨낼 때 우리는 훌륭한 군사가 될 수 있습니다.

한 므나 받은 종의 주인에 대한 착각은 잘못된 것이었습니다. 그 주인은 엄한 사람이 아니었습니다. 인간의 작은 머리로, 우리의 작은 지식으로 하나님을 판단하려고 해서는 안 됩니다. 하나님이 내 삶을 이끌어 가시는 분인 것을 믿고 의지하며 나아가는 성도들이 되시기를 바랍니다.

PART
03

확신하는

그리스도인

마음의 방향을 점검하라

시 51:1~19

성경을 읽다 보면 간혹 이해가 안 되는 부분들이 있습니다. 하나님께서 성경 속 인물들을 대하시는 모습이 공평하지 않다고 느껴지는 때가 있습니다. 그 대표적인 예가 사울과 다윗의 경우입니다. 사울과 다윗의 차이점은 무엇이었을까요? 사울 왕은 대체 무슨 죄를 지었기에 하나님으로부터 책망을 들었던 것일까요?

블레셋 군대가 믹마스 어귀까지 쳐들어왔습니다. 빨리 예배를 드리고 나가야 하는데 사무엘이 7일 동안이나 돌아오지 않자 사울은 자신이 직접 예배를 드립니다. 이 일로 사울은 하나님 앞에 책망을 받습니다. 언뜻 보기에는 이해가 안 되는 부분입니다.

또한 사울은 하나님이 아말렉과의 군대에서 다 진멸해버리라고 하셨지만 아각 왕을 살려둡니다. 좋은 짐승들도 살려둡니다. 이로 인해 사울은 또 하나님께 책망을 받습니다. 적국의 왕을 잡았으니 백성들에게 끌고 가서 은근히 자랑하고 싶었을 것입니다. 백성들이 "좋은 짐승은 살려놓고 하나님께 예배드리는 데 쓰자"고 했으므로 사울은 그 백성들의 말에 동조했던 것 같습니다. 다시 말해 순종이 부족했던 것은 사실이지만 노골적으로 불순종한 것은 아니었다는 것입니다. 계획적으로 불순종한 게 아니었습니다. 그러나 이런 사울을 하나님은 "네가 내 말을 버렸으니 내가 너를 버려버리겠다"라고 하십니다.

그런가 하면 다윗은 남편이 있는 여자를 간음했습니다. 그것도 충성스러운 신하의 아내였습니다. 유혹받아서 한 번 실수한 게 아니었습니다. 간음한 중에 임신을 하자 남편 우리야를 최전방에 내보내서 계획적으로 죽입니다.

누구의 죄가 더 큽니까? 누가 더 나쁜 인간입니까? 인간의 눈으로 볼 때 다윗은 사울과 비교할 수 없을 정도로 사악한 인간이었습니다. 죄질이 굉장히 나빴습니다. 그런데 다윗은 나단 선지자가 가서 책망할 때, 그 자리에서 회개했습니다. 회개하니까 단번에 용서해주셨다는 사실입니다.

신앙이란 '어느 위치에 있느냐'가 중요한 게 아닙니다. '어느 방향을 향해 있느냐'가 중요합니다. 하나님을 향한 뜨거운 마음이 중요한 것입니다. 인간적으로 볼 때 다윗보다는 사울이 훨씬 나은 사람이었습니다. 그러나 다윗은 죄질은 나빴어도 하나님을 향한 마음이 뜨거웠습니다. 그의 마음의 방향이 하나님께로 향하고 있었습니다.

본문 말씀에 보면 다윗의 이런 마음을 하나님은 보셨습니다. 다윗에게는 죄를 통곡하는 마음, 아파하는 마음, 오직 주님만을 바라보는 마음이 있었습니다. 현재의 상태가 아무리 나빠도 마음의 방향만은 하나님께로 가 있었습니다. 그러나 사울은 죄질은 약했으나 마음의 방향이 하나님께로 가 있지 않았습니다.

"이에 스스로 돌이켜 이르되 내 아버지에게는 양식이 풍족한 품꾼이 얼마나 많은가 나는 여기서 주려 죽는구나 내가 일어나 아버지께 가서 이르기를 아버지 내가 하늘과 아버지께 죄를 지었사오니 지금부터는 아버지의 아들이라 일컬음을 감당하지 못하겠나이다 나를 품꾼의 하나로 보소서 하리라 하고 이에 일어나서 아버지께로 돌아가니라"(눅 15:17~20).

인간의 눈으로 볼 때 탕자는 천하의 나쁜 놈입니다. 아버지가 두 눈 시퍼렇게 살아 있는데 자기의 분깃을 달라고 해서는 그것을 가지고 나가 허랑방탕하게 써 버렸습니다. 반면 집에서 아버지의 일을 도운 큰아들은 좋은 아들입니다. 그러나 하나님의 생각은 다른 것 같습니다. 작은아들의 마음이 아버지께로 향해 있었다는 것입니다. 지금 위치는 천하의 나쁜 위치에 있지만, 그의 과거는 아버지를 너무 아프게 했지만, 지금은 아버지에게로 뜨겁게 향해 있기 때문에 "아버지! 나는 죄인입니다"라며 하늘과 아버지께 회개하고 있는 것입니다.

우리는 현재의 모습을 보면서 사람을 판단합니다. 하지만 비록 과거에는 탕자와 같았고, 불한당 같은 사람이었다 할지라도 마음이 뜨겁게 하나님께로 향하고 있다면 하나님은 반드시 그 사람을 다시 회복시키시고 다시 사용해주신다는 사실입니다. 그렇다면 우리의 마음이 하나님을 향한 마음이 되려면 어떻게 해야 할까요?

먼저 주님을 진심으로 사랑해야 합니다. 부부가 아무리 오래 함께했어도 마음이 콩밭에 가 있으면 좋은 관계가 지속되기 어렵습니다. 항상 마음이 서로에게로 향해 있어야 합니다. 방향의 기준은 마음입니다. 내 마음이 어디로 가 있느냐, 누구를 향해 있느냐가 중요합니다. 내가 세상을 사랑하는지, 아니면 하나님을 사랑하는지, 마음의 방향이 어디로 향해 있는지 살펴보시기 바랍니다. 마음속에서 생명의 근원이 나오기 때문입니다.

요한복음 21장에 보면 예수님이 베드로를 찾아갑니다. 베드로를 찾아가서는 세 번 질문합니다. "네가 나를 사랑하느냐? 네가 나를 사랑하느냐? 네가 나를 사랑하느냐?" 주님께서는 우리 마음속 방향을 보시기 원하십니다. 베드로는 예수님을 세 번이나 부인했습니다. 그것도 예수님께서 십자가를 지고 있는데 비난하고 욕하면서 예수님을 모른다고 부인했습니다. 천하에 나쁜 사람입니다. 예수님을 비난하고, 저주하고, 욕했으니 베드로의 위치는 저 밑바닥에 있어야 맞습니다. 그것도 수제자라는 사람이 그랬으니 죄질로 따지면 아주 나쁩니다. 그런데 그의 마음은 어떠했습니까? "네가 나를 사랑하느냐?"는 예수님의 질문에 "네, 주님. 내가 주님을 사랑하는 줄을 주님께서 아십니다"라고 했습니다. 베드로의 마음에는 예수님을 사랑하는 마음이 있었던 것입니다. 예수님을 잡아가려는 말고의 귀를 자를 정도로 베드로의 마음은 예수님을 향해 있었지만, 성령의 충만함을 받지 못하고 기도로 깨어 있지 못하니까 예수님을 모른다고 세 번이나 부인했던 것입니다. 그러나 죄를 저지른 그 베드로에게 예수님은 찾아오셔서 '네가 나를 사랑하느냐?'라고 물으심으로써 베드로의 마음을 확인하셨습니다.

많은 사람들이 매력적이고 남들보다 가진 것이 많은 사람을 좋아할 것으로 생각합니다. 그러나 마음은 나를 진심으로 사랑해주는 사람에게 향하도록 되어 있습니다. 하나님은 우리를 너무나도 사랑하십니다. 독생자 예수 그리스도를 주시기까지 사랑하셨습니다. 그러므로 그 사랑을 받은 우리의 마음이 하나님께로 가는 것은 당연한 것입니다. 비록 육신이 연약하여 깨어 기도하지 못하고, 시간 시간마다 기도하고 예배에 참석하지 못한다 할지라도 마음의 중심이 하나님을 향하고 있다면 다행입니다. 그러나 어느덧 세상을 사랑하게 되었다면, 세상의 물질을 사랑하게 되었다면 이제라도 방향을 돌이킬 수 있어야 합니다. 그때 하나님께서는 우리의 마음을 보시고 우리의 기도를 들어주십니다.

다음으로 우리 마음이 하나님을 향한 마음이 되기 위해서는 죄에 대해 민감해야 합니다. 하나님의 자녀로서 필수적으로 갖추어야 할 것은 죄에 대한 감각입니다. 죄에 무감각해서는 안 됩니다. 똑같은 죄를 계속해서 짓다 보면 죄에 무감각해집니다. 우리는 거룩한 사람들입니다. 하나님이 거룩하시므로 우리도 거룩해야 합니다. 다시 말해 죄에 대해서 민감해야 합니다.

죄의 문제를 해결하기 위해 하나님께서는 예수 그리스도를 우리에게 보내주셨습니다. 하나님이 얼마나 죄를 싫어하시면 독생자를 보내기까지 하셨는지 생각해봐야 합니다. 그만큼 죄 문제는 심각한 것입니다. 죄에 대해서 아무런 감각이 없다면 그건 정말로 심각한 문제입니다.

왜 주님께서는 바리새인들을 싫어하고 세리와 창녀를 좋아하셨을까요? 바리새인들은 자신들이 죄에 대해서 의로웠다고 말합니다. 자신들은 깨끗하다는 생각을 갖고 있었습니다. 반면 세리와 창녀들은 자신들을 부끄럽게 여겼습니다. 자신들의 악을 드러내기를 좋아했다는 것입니다. 누가복음 18장 9절에 "또 자기를 의롭다고 믿고 다른 사람을 멸시하는 자들에게 이 비유로 말씀하시되"라고 했습니다. 바리새인이나 사두개인이나 서기관들은 자기를 의롭다고 믿었습니다. 그러나 13절 말씀에 세리는 "멀리 서서 감히 눈을 들어 하늘을 쳐다보지도 못하고 다만 가슴을 치며 이르되 하나님이여 불쌍히 여기소서 나는 죄인이로소이다"라고 기도합니다. 이것이 바로 우리가 하나님 앞에 나아가야 할 자세입니다.

자기 의를 드러내는 것은 하나님이 결코 기뻐하시는 모습이 아닙니다. 죄에 대해서 민감해져야 합니다. 감히 하늘을 우러러 쳐다보지 못하고 가슴을 치며 "나는 죄인입니다"라고 고백할 수 있어야 합니다. 예수님은 그들을 더 사랑하셨습니다.

마태복음 21장 32절 말씀에도 "요한이 의의 도로 너희에게 왔거늘 너희는 그를 믿지 아니하였으되 세리와 창녀는 믿었으며 너희는 이것을 보고도 끝내 뉘우쳐 믿지 아니하였도다"라고 했습니다. 세리와 창녀들은 자신들이 부끄럽고 더러운 죄인임을 알고 있었습니다. 그러므로 주님을 찾아 나온 것이고, 그 주님께 은혜를 받을 수 있었던 것입니다.

또한 마가복음 2장 17절 말씀에 "건강한 자에게는 의사가 쓸 데 없고 병든 자에게라야 쓸 데 있느니라 나는 의인을 부르러 온 것이 아니요 죄인을 부르러 왔노라"고 합니다. 이 말씀은 무엇을 의미합니까? 건강한 자는 의인이고, 병든 자는 죄인입니다. 그런데 바리새인은 스스로가 건강한 자라고 이야기합니다. 그러니 예수님이 찾으실 이유가 없는 것입니다. 반면 세리와 창녀는 스스로 병든 자라고 고백했습니다. 하나님 앞에서는 부끄러울 것이 없습니다.

하나님을 진심으로 사랑하는 마음이 중심에 있고, 그 마음이 주님을 향해 있다면 하나님께서는 우리의 죄를 용서해주실 것입니다. 우리를 들어 사용해주실 것입니다.

초심, 변심, 유턴

전 12:1~8

　탈무드에 나오는 이야기입니다. 나그네가 길을 걸어가고 있었습니다. 때마침 나그네 옆으로 마차 한 대가 지나고 있어 나그네가 마부에게 물었습니다. "예루살렘까지 가려면 얼마나 걸립니까?" 그러자 마부는 "이 마차의 속도라면 30분이면 도착하지요"라고 대답합니다. 나그네는 마차를 얻어 타고 30분정도를 가다가 마부에게 다시 질문합니다. "이제 30분이 지났으니 예루살렘에 거의 다 왔지요?" 그랬더니 이 마부가 하는 말이 "아니요, 예루살렘까지 가려면 1시간이 걸립니다"라고 이야기하더란 것입니다. 그 마차는 예루살렘으로 가는 것이 아니라 반대 방향으로 가는 마차였던 것입니다.

　아무리 열심히 살아왔다 할지라도 방향이 잘못되었다면 그것은 실패한 인생입니다. 그렇기 때문에 인생의 방향을 바로잡는 것이 무엇보다도 중요합니다. 방향 중에서도 특별히 중요한 것이 마음의 방향입니다. 마음의 방향이 인생의 중심이요, 시발점이기 때문입니다.

잠언서 4장 23절에 "모든 지킬 만한 것 중에 더욱 네 마음을 지키라 생명의 근원이 이에서 남이니라"고 했습니다. 마음의 방향이 하나님을 향해 있는 사람은 그 인생이 성공하도록 되어 있습니다. 실망하거나 후회할 일도 없습니다. 그래서 잠언서 23장 26절에 "내 아들아 네 마음을 내게 주며 네 눈으로 내 길을 즐거워할지어다"라고 말씀하고 있는 것입니다.

본문에 소개되는 솔로몬의 초심은 항상 하나님을 향해 있었습니다. 솔로몬은 왕이 되자마자 기브온 산당에 올라갔습니다. 당시에는 예루살렘 성전을 건축하기 전에 산당에서 제사를 지냈는데, 그 어린 왕이 기브온 산당에 올라가서 일천번제를 드린 것입니다. 하나님을 향한 마음이 얼마나 컸는지, 하나님을 얼마나 사랑하고 의지했는지 알 수 있는 부분입니다.

"솔로몬 왕의 재산과 지혜가 세상의 그 어느 왕보다 큰지라 온 세상 사람들이 다 하나님께서 솔로몬의 마음에 주신 지혜를 들으며 그의 얼굴을 보기 원하여 그들이 각기 예물을 가지고 왔으니 곧 은 그릇과 금 그릇과 의복과 갑옷과 향품과 말과 노새라"(왕상 10:23~25).

하나님께서는 하나님을 사랑하는 솔로몬의 마음의 중심을 보시고 지혜만 구했는데 지혜뿐만 아니라 다른 필요한 모든 것도 더하여 주셨습니다. 이것이 바로 솔로몬의 초심, 하나님을 향한 마음이었습니다.

　그런데 시간이 지나면서 솔로몬이 변심을 합니다. 하나님께로 향
했던 그의 마음이 세상을 향하게 됩니다.

　"솔로몬 왕이 바로의 딸 외에 이방의 많은 여인을 사랑하였으니
곧 모압과 암몬과 에돔과 시돈과 헷 여인이라"(왕상 11:1). 솔로몬이
많은 이방 여인들을 사랑했다고 성경은 기록합니다. 하나님은 분명
히 모세 때부터 이방 교제를 하지 말라고 경고하셨습니다. 그러나
솔로몬은 이방 여인을 사랑하고, 결혼까지 서슴지 않았습니다. 외교
관계를 위해 주변 나라의 모든 공주들과 다 혼인을 맺었던 것입니
다. 국가의 안보와 국력 신장을 도모한다는 미명 아래 주변에 있는
나라의 공주들과 정략결혼을 합니다. 솔로몬의 마음이 하나님보다
세상의 욕망을 향하고 있었다는 증거입니다.

　그 결과 어떻게 되었습니까? 열왕기상 11장 4절 말씀에 "솔로몬의
나이가 많을 때에 그의 여인들이 그의 마음을 돌려 다른 신들을 따
르게 하였으므로 왕의 마음이 그의 아버지 다윗의 마음과 같지 아니
하여 그의 하나님 여호와 앞에 온전하지 못하였으니"라고 합니다.
여기에서 주목해야 할 것이 '마음을 돌렸다'는 것입니다. 하나님께
향해 있던 마음을 세상을 향하도록 돌렸다는 사실입니다. 솔로몬이
라면 그 지혜로 이방여인들이 우상 숭배하는 마음을 돌려 하나님께
향하도록 했어야 옳았습니다. 그러나 솔로몬은 오히려 그들에게 이

용당하고 마음을 **빼앗겨** 하나님을 등지고 세상의 욕망을 바라보게 되었습니다.

솔로몬의 마음이 세상으로 향하자 결국 하나님께서 진노하셨습니다. "여호와께서 그에게 진노하시니라 여호와께서 일찍이 두 번이나 그에게 나타나시고 이 일에 대하여 명령하사 다른 신을 따르지 말라 하셨으나 그가 여호와의 명령을 지키지 않았<u>으므로</u>"(왕상 11:9~10).

거듭되는 경고의 말씀에도 그는 마음을 돌리지 않았습니다. 우리가 인생을 살면서 절대 조심해야 할 것이 있습니다. 바로 두 주인을 섬길 수 없다는 것입니다. 마태복음 6장 24절에 "한 사람이 두 주인을 섬기지 못할 것이니 혹 이를 미워하고 저를 사랑하거나 혹 이를 중히 여기고 저를 경히 여김이라 너희가 하나님과 재물을 겸하여 섬기지 못하느니라"고 했습니다. 두 여인, 혹은 두 남자를 똑같이 사랑할 수 없듯이 두 신을 똑같이 섬길 수도 없습니다. 재물을 사랑하면 당연히 하나님을 온전히 사랑할 수 없습니다. 결국은 하나님을 등지게 됩니다. 세상을 향하면 하나님은 등질 수밖에 없다는 이야기입니다.

"간음한 여인들아 세상과 벗된 것이 하나님과 원수 됨을 알지 못하느냐 그런즉 누구든지 세상과 벗이 되고자 하는 자는 스스로 하나님과 원수 되는 것이니라"(약 4:4).

하나님을 등지고 세상의 욕망과 쾌락을 향하면 우리는 하나님과 자연스럽게 원수가 되어버린다는 것입니다. 그 결과 어떤 일이 벌어집니까? "여호와께서 솔로몬에게 말씀하시되 네게 이러한 일이 있었고 또 네가 내 언약과 내가 네게 명령한 법도를 지키지 아니하였으니 내가 반드시 이 나라를 네게서 빼앗아 네 신하에게 주리라"(왕상 11:11).

'빼앗아'는 히브리어로 '카라'입니다. '카라'는 '쪼개다, 찢다'라는 뜻을 가지고 있습니다. 한마디로 "네 나라를 찢어버리겠다"는 것입니다. 결국 이스라엘의 열두 지파 가운데 열 지파가 여로보암의 쿠데타에 동참해서 북 이스라엘을 세우고, 나머지 두 지파가 남유다로 남습니다. 뿐만 아니라 솔로몬이 섬겼던 그 이방신들이 이스라엘 백성들 사이에 만연하게 퍼집니다. 이방신들이 온 나라에 퍼짐으로 말미암아 나라는 두 조각이 나고 북이스라엘은 앗수르에게, 남유다는 바벨론에게 멸망하고 말았다는 것입니다.

솔로몬이 전성기를 누릴 수 있었던 것은 모두 하나님의 은혜였습니다. 그러나 솔로몬이 그 마음을 하나님께로부터 돌려 세상으로 향했더니 지혜로운 솔로몬이 무지한 자가 되어 나라까지 빼앗기게 되었다는 것입니다.

그러나 솔로몬은 회개했습니다. 말년에 회개하고 그 마음을 다시 하나님께로 돌렸습니다. 그 내용들이 전도서에 잘 기록되어 있습니다. 솔로몬이 말년에 썼던 전도서를 보면 솔로몬이 나중에 얼마나 후회하고 회개하고 돌이켰는지를 알 수가 있습니다.

후회와 회개는 다릅니다. 세상으로 향하던 마음을 그대로 두고 속 상해하면서 끝나는 것이 바로 후회입니다. 하나님 말씀을 들으면서 '그래, 내가 저러면 안 되는데, 내가 이렇게 살면 안 되는데' 라면서 마음은 계속 세상을 향해 있다면 그것은 후회에 머물 뿐입니다.

그러나 세상을 향한 마음을 다시 돌려 하나님께로 향하고 있다면 그것은 회개가 됩니다. 한마디로 회개는 유턴입니다. 그래서 전도서 첫머리를 보면 솔로몬이 뭐라고 고백합니까? "헛되고 헛되며 모든 것이 헛되도다"라고 이야기합니다. '헛되다'는 말은 히브리어로 '헤 벨'이라는 뜻입니다. 헤벨은 입김이라는 뜻을 가지고 있습니다. 입 김은 금방 사라지는 특성이 있습니다. 다시 말해 '헛되다'라는 뜻은 우리 인생도 금방 사라져버린다는 의미가 됩니다.

이 세상의 것은 한마디로 입김과 같은 것입니다. 잠깐 있다가 사 라져버리는 것입니다. 그래서 솔로몬은 본문에서 "흙은 여전히 땅 으로 돌아가고 영은 그것을 주신 하나님께로 돌아가기 전에 기억하 라 전도자가 이르되 헛되고 헛되도다 모든 것이 헛되도다"(7,8)라고 고백하고 있는 것입니다.

마음이 어디로 향해 있습니까? 하나님이 아닌 세상을 향해 있다 면 어서 빨리 돌이켜야 합니다. 유턴하시기를 바랍니다. 탕자는 자 신의 분깃을 받아 방탕하게 살다가 모두 탕진하고, 돼지가 먹는 지엽열매조차도 먹을 수 없게 되자 아버지를 생각합니다. 스스로 돌이켜 유턴했다는 것입니다. 마음의 방향을 아버지께로 바꿨습니다. 마음의 방향을 바꾼 탕자는 돌아오자마자 모든 것이 회복되는 것을 경험합니다. 아버지가 안아주고, 씻겨주고, 새 옷을 입혀주고, 가락지를 끼워주고, 새신을 주고, 잔치까지 벌여줍니다. 다시 부잣집 아들로 회복시켜줍니다. 이것이 인생의 해답니다.

"이 세상이나 세상에 있는 것들을 사랑하지 말라 누구든지 세상을 사랑하면 아버지의 사랑이 그 안에 있지 아니하니 이는 세상에 있는 모든 것이 육신의 정욕과 안목의 정욕과 이생의 자랑이니 다 아버지께로부터 온 것이 아니요 세상으로부터 온 것이라 이 세상도, 그 정욕도 지나가되 오직 하나님의 뜻을 행하는 자는 영원히 거하느니라"(요일 2:15~17). 가장 지혜롭고 현명한 인생은 하나님만을 바라는 인생입니다.

인생을 항해에 비유할 때 가장 중요한 것은 방향입니다. 돛대는 배의 방향을 맞추어 줍니다. 돛을 올바른 방향으로 맞춰 놓으면 바람이 불고 파도가 세게 쳐도 반드시 항구에 도착하게 되어 있습니다. 그런데 돛의 방향을 제대로 맞춰 놓지 않으면 배는 방향을 잃고 표류하게 됩니다.

우리의 마음도 돛과 같습니다. 나의 돛은 어느 방향으로 향해 있습니까? 세상을 향하고 있다면 표류하는 인생이 될 것입니다. 그러나 하나님께로 방향이 잡혀 있다면 설사 바람이 불고 파도가 치고 태풍이 몰아쳐도 언젠가는 항구에 도착하고 천국에 안착할 수 있음을 믿으시기 바랍니다.

하나님과 세상을 겸하여 사랑할 수는 없습니다. 내 마음이 어느 방향으로 향해 있는지 돌아보며, 혹이라도 세상으로 향해 있다면 이제라도 속히 회개하고 돌이켜야 할 것입니다.

확신하는 그리스도인

롬 8:14~30

    세계 최고의 휴양도시인 하와이에 가면 매우 큰 동물원이 있습니다. 그 동물원의 가장 마지막 코스 이름이 '세상에서 가장 위대한 동물이 있는 곳'이라고 합니다. 그런데 그곳에서 관람을 마치고 나오는 사람들의 얼굴에는 하나같이 밝은 웃음이 배어 있다고 합니다. 그 방 안에 놓여 있는 커다란 거울을 통해 자신의 가치를 깨달았기 때문입니다.

    우리는 세상에서 가장 위대한 존재입니다. 하나님께서 우리를 유일무이한 작품으로 만드셨습니다. 더군다나 우리는 하나님께 사랑받는 존재입니다. 하나님은 이미 만세 전에 우리를 택하시고, 선택하시고, 부르시고, 의롭다 하시고, 영화롭게 하셨습니다. 본문 말씀 30절이 바로 그 내용입니다.

    "또 미리 정하신 그들을 또한 부르시고 부르신 그들을 또한 의롭다 하시고 의롭다 하신 그들을 또한 영화롭게 하셨느니라."

    그런데 마귀의 특성은 사람의 약점을 파고듭니다. "너는 죄인이잖아. 너같이 나쁜 놈이 이 세상에 어디 있어? 너같이 허물 많은 애가 어디 있어?"라고 속삭입니다. 그러나 하나님께서는 분명히 말씀합니다. "걱정하지 마라. 내가 너의 죄를 도말해줬다. 잊어버렸다. 기억조차도 하지 아니한다. 너희 죄가 다 씻겼다."

하나님께서는 놀라운 계획을 가지고 각 사람을 부르셨습니다. 그러나 하나님의 부르심에 응답하는 승리하는 그리스도인이 되기 위해서는 세 가지의 확신이 있어야 합니다. 먼저 하나님의 자녀라는 확신을 가져야 합니다. 로마서 8장 15~16절 말씀에 "너희는 다시 무서워하는 종의 영을 받지 아니하고 양자의 영을 받았으므로 우리가 아빠 아버지라고 부르짖느니라 성령이 친히 우리의 영과 더불어 우리가 하나님의 자녀인 것을 증언하시나니"라고 합니다.

우리는 종의 영을 받은 것이 아닙니다. 양자의 영을 받아 성령께서 그 양자의 영을 통하여 우리를 '아빠, 아버지'라고 하나님을 부르게 하셨고, 우리가 하나님의 자녀인 것을 확신시켜주셨다는 사실입니다. 그분이 바로 성령님입니다. 또한 요한복음 1장 12절 말씀에는 "영접하는 자 곧 그 이름을 믿는 자들에게는 하나님의 자녀가 되는 권세를 주셨으니"라고 기록되어 있습니다. 하나님의 자녀가 되는 권세를 받으신 줄을 믿으시길 바랍니다.

이미 예수님을 영접했기 때문에 앞으로 하나님의 자녀가 될 것이 아니라 이미 되었기 때문에 자동적으로 아들이 누리는 권세, 아들이 누리는 특혜를 가졌다는 것입니다. 자녀에게는 권세가 따라옵니다.

특권이 있습니다. 그러므로 본문 17절에도 "자녀이면 또한 상속자 곧 하나님의 상속자요 그리스도와 함께 한 상속자니"라고 기록하고 있는 것입니다.

상속자란 바로 후사입니다. 그러므로 우리는 하나님 앞에 나아가서 당당하게 요구할 수가 있는 것입니다. 하나님께 기도하여 당당하게 요구하면 하나님은 우리에게 주실 수밖에 없는 특권을 우리는 가지고 있습니다. 양자는 입양아입니다. 내가 낳은 아이가 아니고 밖에서 데리고 온 아이라는 뜻입니다. 그러나 당시 로마시대에는 양자로 삼아도 자기 친아들과 똑같이 대우해주던 문화였습니다. 양자에게도 재산을 물려줘야 하는 게 그때의 문화였습니다. 양자도 똑같은 신분을 누렸습니다. 사도 바울은 우리가 양자의 영을 받았기 때문에 똑같이 하나님께 자녀로서의 특권을 받아 누릴 수 있다는 것을 이야기해주고 있는 것입니다.

그러나 함께 기억해야 할 것은 17절 하반절의 "우리가 그와 함께 영광을 받기 위하여 고난도 함께 받아야 할 것이니라"는 말씀입니다. 또 18절에서는 "생각하건대 현재의 고난은 장차 우리에게 나타날 영광과 비교할 수 없도다"라고 말씀합니다. 하나님의 자녀로서 특권을 가지고 있지만 그 영광을 누리기 위해서는 이 땅에서 반드시 고난도 겪어야 된다는 사실입니다. 이것이 우리가 그 특권을 누릴 수 있는 유일한 길이라는 것을 기억하시기 바랍니다. 현재의 고난은 나중에 더 좋은 영광을 누리기 위한 고난이라는 것을 기억하며 이 땅을 살아가야 합니다.

　두 번째로 우리는 도움의 확신을 가지고 살아갈 때 승리하는 삶을 살 수 있습니다. 26절 말씀에 "이와 같이 성령도 우리의 연약함을 도우시나니 우리는 마땅히 기도할 바를 알지 못하나 오직 성령이 말할 수 없는 탄식으로 우리를 위하여 친히 간구하시느니라"고 했습니다. 우리는 근본적으로 연약합니다. 깨지기 쉬운 질그릇과 같아 늘 어려움을 당하기도 하고, 넘어지기도 합니다. 그러나 그럴 때마다 우리를 도와주시는 분이 계십니다. 그분이 바로 성령님입니다. 성령님이 우리의 연약함을 도와주십니다.

　사랑하는 가족이나 육신의 형제자매들이 우리와 영원토록 동행하며 도울 수는 없습니다. 그러나 성령님은 우리를 끝까지 책임져주십니다. 마태복음 28장 20절의 "볼지어다 내가 세상 끝날까지 너희와 항상 함께 있으리라"는 약속의 말씀을 기억하시기 바랍니다.

　성령께서는 우리를 가르치시고, 도와주시고, 협력해주시고, 지도해주십니다. 뿐만 아니라 우리가 마땅히 빌 바를 알지 못할 때, 탄식하면서 우리를 위해 기도해주십니다.

　깊은 수렁에 빠지면 기도할 용기마저 잃어버리게 됩니다. 그러나 정말 힘들고 어려울 때, 기도가 나오지 않을 정도로 지칠 때, 기도할 바를 알지 못할 때 나를 도와주시고 나를 위해서 탄식하며 기도해주시는 분이 성령님이심을 기억하시기 바랍니다.

때로는 잘못 기도할 수도 있습니다. 그러나 우리가 잘못된 방향으로 기도할 때 그 기도를 바르게 고쳐주시는 분도 바로 성령님입니다. "마음을 살피시는 이가 성령의 생각을 아시나니 이는 성령이 하나님의 뜻대로 성도를 위하여 간구하심이니라"(27절).

우리는 인간이기 때문에 자신의 뜻대로 기도하게 되는 때가 있습니다. 그러나 성령님께서는 아버지의 뜻대로 기도하게끔 도와주신다는 사실입니다. 만일 우리의 기도가 하는 그대로 전부 이루어진다면, 오히려 해가 될 수도 있을 것입니다. 그러나 하나님의 뜻대로 하는 기도의 응답에는 실수가 없습니다. 가장 유익한 방향으로 흐른다는 것입니다. 그러므로 우리는 성령의 충만함을 받아야 합니다. 항상 성령의 도우심을 받고 산다는 확신, 하나님이 나에게 도울 자를 붙여주셨다는 확신을 갖고 살아갈 때 승리하는 삶을 살아갈 수 있습니다.

마지막으로 세상에서 승리하기 위해서는 합력하여 선을 이룬다는 확신을 가져야 합니다. 어느 어촌마을에서 남자들이 고기를 잡으러 나갔습니다. 그런데 그날따라 갑자기 날이 어두워지면서 풍랑이 거세게 불더니 칠흑 같은 어둠이 온 마을을 덮었습니다. 아내들은 전부 다 바닷가에 나가 남편들이 돌아오기만을 기다립니다. 그런데 엎친 데 덮친 격으로 집안에서 놀던 한 아이가 초를 넘어뜨리는 바람에 불이 났습니다. 한꺼번에 닥친 이 어려움에 모두가 너무나 괴로워하고 있을 때 날이 새기 시작하고, 바다 저만치에서 배 한 척이 들어오는 것이 보였습니다. 남편들이 타고 나간 배가 무사히 도착한 것이었습니다. 아내들은 물었습니다. "어떻게 이 깜깜한 곳에서 풍랑을 이기고 여길 찾아올 수 있었나요?" 그때 남편들의 대답은 이것이었습니다.

"깜깜해서 아무것도 보이지 않아 죽을 위기였지요. 그런데 바다 위를 헤매고 있을 때, 이쪽 방향에서 엄청나게 큰 불이 일어난 것을 봤답니다. 덕분에 살아 돌아올 수 있었습니다."

아이의 실수로 일어난 불을 보고 죽어라 열심히 노를 저었더니, 결국에는 살아서 집에 돌아올 수 있게 되었다는 이야기였습니다. 비록 집 한 채는 다 타버렸지만 이 일로 마을 남자들의 생명을 구할 수 있었습니다.

이 이야기는 무엇을 말해주고 있습니까? 현재 우리가 걸어가는 길이 힘들고 어려운 고난의 길이라 하더라도 하나님께서는 결국에 합력하여 선을 이루어주신다는 교훈입니다.

우리 한 사람 한 사람은 하나님이 만드신 작품 중의 작품입니다. 걸작품이며, 귀한 자입니다. 하나님께서는 그런 우리들을 사랑하신다고 성경에 기록해 주셨습니다. 그리고 우리를 이미 태초부터 택하시고, 부르시고, 의롭게 해주셨고, 영화롭게 해주셨다는 사실입니다.

하나님은 우리를 위한 놀라운 계획을 가지고 계십니다. 그런 우리가 세상에 나가 패배자로 살아서는 안 될 것입니다. 그런데 악한 마귀와의 싸움에서 반드시 승리하려면 내 안에 승리할 수 있다는 확신을 가져야 합니다. 하나님의 자녀라는 확신, 성령님이 우리를 도우신다는 확신, 합력하여 선을 이룬다는 확신을 가지시기 바랍니다. 현재의 길이 가시밭길이라 하더라도 결국에는 선을 이루신다는 확신을 가지고 존귀한 자로 살아가시기를 바랍니다.

마무리를 잘 하려면

수 24:14~18

사람들은 무언가 새롭게 시작하는 일에 무게를 많이 둡니다. 그러나 시작에 비해 마무리하는 일에는 별로 관심을 두지 않는 것 같습니다. 해돋이를 보러 가는 사람들은 많지만 해넘이를 보러 가는 사람들은 드뭅니다.

그러나 시작도 중요하지만 마무리도 중요합니다. 아무리 시작을 잘해도 마무리를 잘 못하면 그 인생은 나중에 별 볼일 없는 인생이 되고 맙니다.

신앙생활도 마찬가지입니다. 예수님을 영접하고 하나님의 자녀가 되었다면 끝까지 믿음을 지킬 수 있어야 합니다. 믿음이 변질되면 나중에는 주님을 떠나는 삶을 살 수밖에 없습니다. 그래서 사도 바울도 고린도전서 9장 27절에 "내가 내 몸을 쳐 복종하게 함은 내가 남에게 전파한 후에 자신이 도리어 버림을 당할까 두려워함이로다"라고 말씀하고 있는 것입니다. 신앙의 마무리를 잘 하라는 당부로 새겨들어야 할 것입니다.

그렇다면 마무리를 잘 하는 사람이 되려면 어떤 능력을 갖추어야 할까요?

첫째로 분별하는 능력이 필요합니다. 본문 15절 말씀에 "만일 여호와를 섬기는 것이 너희에게 좋지 않게 보이거든 너희 조상들이 강 저쪽에서 섬기던 신들이든지 또는 너희가 거주하는 땅에 있는 아모리 족속의 신들이든지 너희가 섬길 자를 오늘 택하라 오직 나와 내 집은 여호와를 섬기겠노라"고 합니다.

이스라엘이 드디어 가나안 땅을 정복했습니다. 그들은 40년 동안 떠돌아다니다가 가나안 땅에 정착해서 이제 농사를 시작하려고 합니다. 그런데 낯선 땅에서 농사를 지으며 살기가 쉽지 않습니다. 그래서 그 땅에 정착하고 있는 가나안 땅 주민들이 어떻게 농사하는지 지켜봤습니다. 그들의 농사법을 가만히 지켜보니까 그들이 섬기는 신과 밀접한 관계가 있어 보였습니다. 비가 안 오면 기우제를, 또 비가 너무 와도 그들은 제사를 지내는 것이었습니다.

이스라엘 백성들은 농사를 위해 그들의 제사문화를 습득하기 시작합니다. 그러다 보니 그들의 신이 좋아보였습니다. 그들의 신전은 화려했고, 그들이 가지고 있는 모든 것들도 좋게만 보였습니다. 그때 여호수아는 "참 신과 거짓 신을 분별하는 능력을 가지라"고 당부합니다. "강 저쪽에 살던 때에 섬기던 신을 선택하든지, 이 땅의 아모리 족속의 신을 선택하든지, 아니면 여호와를 선택하든지 분별하여 선택하라"는 것입니다.

영적 마무리를 잘 하기 위해서는 참 신이 누구인지를 분별할 수 있어야 합니다. 진리가 무엇인지 반드시 분별할 줄 알아야 합니다.

요즘 많은 사람들이 엉뚱한 거짓 진리를 가지고 나옵니다. 거짓 선지자들이 넘쳐나고, 이단들이 우후죽순 생겨납니다. 거짓된 논리로 우리를 유혹합니다. 어떤 사람들은 신이 없다고 이야기합니다. 자라나는 아이들은 학교에서의 배움과 교회에서의 배움 사이에서 갈등합니다. 하나님이 과연 나를 만드신 것이 맞는지 의심을 품습니다. 하나님이 우주만물을 만드셨다는 사실을 믿기 어려워합니다. 인터넷에 있는 비 진리의 글들로 잘못된 지식을 습득하고 거기에 빠집니다. 그렇게 믿음을 포기하는 자녀들이 우리 주위에는 너무도 많습니다.

우리나라에는 짝퉁이 참 많습니다. 많은 사람들이 짝퉁을 명품인 것처럼 가지고 다닙니다. 그러나 짝퉁은 명품이 있을 때 생겨납니다. 명품이 없는데 그것과 똑같은 짝퉁을 만들 이유가 없습니다. 생각해볼 것은, 짝퉁이 많을수록 그 명품은 진짜 좋은 명품이라는 것입니다. 기독교에 이단과 사이비들이 많은 이유도 같은 원리입니다. 우리는 하나님만이 진정한 명품인 것을 분별하고 알아야 합니다.

세상에는 참 진리와 거짓 진리가 뒤섞여 있습니다. 거짓 진리가 참 진리처럼 보일 때도 많습니다. 거짓 진리가 참 진리처럼 행세하기도 합니다. 우리 그리스도인들은 마지막 때에 영적으로 분별할 줄 알아야 합니다. 누가 참 신이고 어떤 것이 진짜 진리인지를 잘 분별해야 합니다. 그래야 믿음을 잘 지킬 수 있고, 영적인 마무리도 잘 할 수 있습니다.

둘째로 마무리를 잘 하려면 결단하는 능력이 필요합니다. 본문 말씀 14절에 "그러므로 이제는 여호와를 경외하며 온전함과 진실함으로 그를 섬기라 너희의 조상들이 강 저쪽과 애굽에서 섬기던 신들을 치워 버리고 여호와만 섬기라"고 이야기합니다. 한마디로 결단하라는 것입니다. 애굽에서 오랫동안 너희 조상들이 섬겼던 신, 또 강 건너편에서 섬겼던 신들을 치워버리라고 이야기합니다. 아모리 족속들이 섬겼던 신도 치워버리라고 합니다. 오직 여호와만 섬기라는 것입니다. 어느 때부터인가 나에게 조심스럽게 스며들어왔던 가짜들, 비 진리를 잘라내 버리라는 것입니다. 마무리를 잘 하려면 분별할 수 있어야 하고, 분별을 한 후에는 결단을 잘 해야 합니다. 결단 후에는 성령의 능력으로 말씀을 가까이 하고, 기도를 열심히 해서 성령 충만함을 받아야 합니다. 그럴 때 잘못된 것을 과감하게 잘라내 버릴 수 있습니다.

'결심하다'라는 말은 영어로 'decide'입니다. 이것은 디(de)와 사이드(cide)의 합성어로 디(de)는 '무엇으로부터', 사이드(cide)는 '잘라내다'라는 의미를 가집니다. 결심한다는 건 '무엇'으로부터 잘라낸다는 것입니다.

예수님의 제자들에게는 공통적인 특징이 있었습니다. 그들은 잘

나지도 못했고, 집안 배경이 좋지도 않았습니다. 공부를 잘 하지도 못했습니다. 한마디로 남달리 뛰어난 능력을 가진 자들이 아니었습니다. 그러나 그들은 즉각 결단하고 순종하는 사람들이었습니다. 예수님이 부르실 때 그물을 버리고, 배를 버리고, 아버지를 버려두고 바로 예수님을 따랐다는 것입니다. 그들은 망설임 없이 바로 결단했습니다.

셋째로 마무리를 잘 하려면 지속하는 능력이 있어야 합니다. 본문 말씀에 "오직 나와 내 집은 여호와를 섬기겠노라"라고 합니다. 여호수아는 지금까지 여호와만을 섬겼습니다. 애굽에 살 때도 여호와만을 섬겼고, 광야 40년 동안에도 여호와만을 섬겼습니다. 가나안 땅에 와서도 여호와만을 섬긴 그였습니다. 그런데 굳이 앞으로도 여호와만을 섬기겠다는 결단을 합니다. "나는 앞으로도 죽을 때까지 여호와만을 섬기겠다"는 것이 그의 마지막 결단이었습니다. 그에게는 지속적인 능력이 있었습니다. 마무리를 잘 하기 위해서는 이러한 지속적인 결단과 능력이 있어야 합니다.

말콤 글래드웰의 《아웃라이어》에 보면 저자는 하나의 연구 결과를 바탕으로 이런 주장을 합니다. "지속하는 능력이 인생을 바꾼다. 평범한 사람을 비범한 사람으로 바꾸는 것은 지속적인 능력이다. 또 탁월한 지능, 탁월한 재능만으로는 성장이 보장되지 않는다. 반드시 지속적인 능력이 있어야 한다."

마지막 결실은 인내함으로 맺을 수 있습니다. 사도 바울은 "내가 선한 싸움 다 싸우고 달려갈 길 마친 후에 믿음을 끝까지 지켰다"라고 했습니다. 생명을 다하는 날까지 믿음을 굳게 지켰다는 고백입니다. 이런 지속적인 능력이 우리에게 있어야 하겠습니다.

참 진리를 분별할 수 있는 능력은 영적으로 깨어 있어야 가능합니다. 영적으로 깨어 있는 사람은 말씀을 가까이 하고, 그 말씀을 잘 묵상하도록 되어 있습니다. 기도하기를 쉬지 않습니다. 무엇이 참 진리인지를 분별했다면 하나님이 기뻐하시지 않는 행동들은 과감하게 잘라버릴 수 있어야 합니다. 성령의 도우심을 받아 분별한 그대로 지속적으로 나아가야 합니다. 그럴 때 우리는 신앙의 마무리를 성공적으로 할 수 있을 것입니다.

멋진 비행을 위하여

사 40:27~31

비행기 조종사들이 하는 말 가운데 '마의 11분'이라는 말이 있습니다. 이륙할 때 3분, 착륙할 때 8분, 통계를 보면 항공기 사고의 74퍼센트가 11분 안에 일어난다고 합니다. 비행기가 성공적으로 이륙하려면 법칙을 잘 따라야 합니다. 아무리 조종을 잘 해도 규칙대로 하지 않으면 비행기는 날 수가 없습니다. 물론 목적지에 도달할 수도 없습니다.

우리의 영적 생활도 마찬가지입니다. 독수리가 날개 쳐 올라감 같이 영적인 비상을 하려면 규칙이 필요합니다. 비행기를 비유로 영적인 비상을 위해서는 어떻게 해야 하는지, 그 규칙이 무엇인지에 대해 생각해볼 수 있습니다.

먼저 영적인 비상을 위해서는 활주로를 벗어나지 않아야 합니다. 2008년 9월 20일에 에콰도르 수도 키토의 한 공항에서 비행기가 이륙하려다 활주로를 이탈합니다. 이탈해서 방호벽을 뚫고 도로로 나간 사건이었습니다. 다행히도 인명 피해는 없었지만 정말로 아찔한

순간이었습니다. 비행기가 부서지고 모든 사람이 위험에 빠지는 그런 상황이었습니다. 그런가 하면 2011년 4월 27일에는 오후 8시 30분쯤 광주 공항을 출발해서 김포공항으로 가던 모 항공기가 이륙하다가 활주로를 벗어난 일도 있었습니다. 활주로를 벗어나서 바퀴 세 개가 잔디에 빠져버렸습니다.

비행기가 활주로를 벗어나면 이륙할 수 없듯이 우리도 영적으로 비상하려면 말씀이라는 활주로를 벗어나서는 안 됩니다. 이것이 가이드라인입니다. 말씀의 범위 안에서 달려가야지, 말씀에서 벗어나면 절대 안 된다는 사실입니다. 시편 119편 105절 말씀에 "주의 말씀은 내 발에 등이요 내 길에 빛이니이다"라고 했습니다. 다시 말하면 우리들이 나아가는 길을 비춰주는 등이자 빛이 바로 '하나님의 말씀'이라는 것입니다.

아무리 급하다고 하더라도 활주로를 벗어나면 안 되는 것처럼, 우리도 어떠한 이유로든 말씀을 벗어나서는 살아갈 수가 없습니다. 그래서 신명기에서도 "말씀의 활주로를 따라가라"고 이야기하고 있는 것입니다.

멋진 비행을 위해서는 두 번째로 가속도가 붙도록 힘차게 달려야 합니다. 비행기는 활주로를 따라 최소 2.5킬로미터를 달려가야 한다고 합니다. 2.5킬로미터를 달리지 않으면 비행기는 날 수가 없습니다. 달리는 것을 중단한다든지 달려가는 힘이 약해지면 이륙할 수 없고, 앞에 있는 곳에 가서 박을 수밖에 없습니다.

2007년 4월 25일에 김해공항에서 모 항공사 여객기가 실수로 여객기가 뜨는 활주로가 아닌 군용기가 뜨는 활주로로 간 일이 있었습니다. 군용기가 뜨는 활주로는 500미터가 더 짧기 때문에 매우 위험한 상황이었습니다. 다행히 달리던 도중 관제탑에서 그걸 보고 빨리 멈추도록 해 피해를 줄일 수 있었지만 하마터면 정말 큰일 날 뻔한 사고였습니다. 짧은 활주로에서 이륙을 시도 못 하는 이유는 가속도가 붙도록 힘차게 달려 나갈 수 없기 때문입니다.

우리들도 독수리가 날개 치며 올라감같이 영적으로 비상하기 위해서는 열정을 품고 힘차게 달려야 합니다. 로마서 12장 11절 말씀에 사도 바울은 "부지런하여 게으르지 말고 열심을 품고 주를 섬기라"고 이야기합니다. 찬양할 때도, 기도할 때도 열심히 해야 합니다. 오늘 예배가 나에게는 마지막 예배라는 각오로 하나님 앞에 서야 합니다.

하나님께서는 대충 하는 것을 기뻐하지 않으십니다. 영적 가속력이 붙도록 하려면 일정한 기간 동안 열심히 최선을 다해야 합니다. 그런데 우리는 최선을 다하려고 하지 않는 경우가 많습니다. 처음에는 최선을 다하다가도 시간이 지나면서 점점 속도가 늦어지고 힘이 약해져버립니다. 그러면서 마음이 주춤합니다. 육체는 나이 듦에 따라 쇠하더라도 영은 날마다 새로워질 수 있는 비결이 있습니다. 무슨 일을 하든지 최선을 다하면 우리의 영은 녹슬지 않습니다.

하나님은 우리들에게 놀라운 비전을 가지고 계십니다. 우리를 통해서 뭔가를 이루고자 하시는 뜻이 있습니다. 그러므로 우리는 게을러서는 안 됩니다. 하나님의 나라를 향한 놀라운 비전을 이루어드리기 위해서 최선을 다해 주어진 일들을 감당해야 합니다. 하나님께서는 뜨겁지도 차지도 않은 것들을 기뻐하지 않으십니다. 뜨거움으로 가속도를 붙일 수 있도록 노력하시기 바랍니다.

사도 바울은 디모데전서 4장 15절에 "이 모든 일에 전심전력하여 너의 성숙함을 모든 사람에게 나타나게 하라"고 말씀합니다. 게을렀던 신앙을 돌이켜 열심히 전심전력하는 신앙으로 바꾸어야 합니다. 이것이 영적으로 비상할 수 있는 비결입니다.

세 번째로 이륙한 후에는 반드시 비행기의 바퀴를 집어넣어야 합니다. 2003년 12월 25일 서아프리카 베냉에서 보잉727기가 추락했습니다. 이 사고로 111명이 사망하게 되는데, 랜딩기어라는 바퀴를 집어넣지 않은 것이 원인이었습니다. 또 2005년 9월 21일에는 오후 3시 15분에 145명을 태운 비행기가 미국 LA에서 뉴욕을 향해서 떴는데, 랜딩기어가 접히지 않고 90도 각도로 틀어져버려 문제가 되기도 했습니다. 이 일로 비행기는 LA공항 공중을 3시간 동안 돌다가 오후 6시 25분이 되어서야 어쩔 수 없이 착륙했지만 비행기에서는 불이 나고 말았습니다. 이 모습을 미국 TV에서 생방송으로 중계하며 얼마나 많은 이들의 가슴을 졸이게 했는지 모릅니다.

바퀴는 비행기가 공중에 이륙했을 때는 아무 소용이 없습니다. 착륙할 때까지는 딱 넣어두고 있어야 합니다. 그러나 넣어두지 않았을 때 이렇게 사고가 나더라는 것입니다.

영적으로 멋지게 날기 위해서는 지금까지 의지했던 경험이나 지식, 능력이나 물질 모두를 감출 수 있어야 합니다. 창공을 훨훨 날아 목적지에 도착할 때까지는 나의 모든 잘난 것들을 다 감출 줄 알아야 합니다. 이 말씀은 무슨 뜻일까요? 우리의 인도자가 되시는 성령님보다 앞서가지 말라는 이야기입니다. 전적으로 내 힘과 능력을 믿지 말고 오직 성령님만 의지하고 가라는 것입니다. 그래서 빌립보서 3장 8절에 사도 바울은 "내가 모든 것을 해로 여김은 내 주 그리스도 예수를 아는 지식이 가장 고상하기 때문이라"고 말씀하고 있는 것입니다.

사도 바울은 인간의 관점으로 볼 때 매우 잘난 사람이었습니다. 그런 그가 자기의 모든 것을 해로 여기고 배설물로 여겼다는 것입니다. 그는 철저하게 가말리엘 학파에서 공부한 수재 중에 수재였고, 지혜가 뛰어난 사람이었습니다. 로마의 시민권자이며 혈통이 좋은 베냐민 지파였습니다. 이렇게 배우기도 잘 배웠고, 학벌이나 환경 모든 것이 좋은 그가 예수님을 위하여 자신이 가진 모든 힘, 능력을 해로 여기고 배설물로 여겼다는 것입니다. 그리고 "날마다 죽노라"라고 고백했다는 것입니다.

우리는 아직도 우리가 가진 바퀴들을 여전히 의지하고 있지 않은

지 생각해봐야 합니다. 입으로는 주님만 의지한다고 하지만 내가 앞서가지는 않았는지 돌아봐야 합니다. 성령님 외에 의지하고 있는 바퀴가 있다면 모두 집어넣는 훈련을 해야 합니다. 그래야만이 멋진 비행이 될 수 있습니다.

마지막으로 이륙을 한 후에는 최대의 추진력을 얻기 위해서 비행기의 모든 엔진을 최대한으로 끌어올려야 합니다. 모든 동력을 다 쏟아야 합니다. 중력은 비행기를 땅으로 끌어내리려고 합니다. 우리가 번쩍 뛰어도 날 수 없는 것은 중력이 나를 끌어당기기 때문입니다. 그러나 비행기가 떨어지지 않는 이유는 중력보다 힘이 더 세기 때문입니다. 모든 엔진의 불을 다 켜고 힘을 최대한 끌어올려서 중력보다 힘을 키웁니다. 그렇게 계속해서 힘을 쏟아 중력이 미치지 않는 곳까지 올라가는 것입니다. 처음에 비행기를 탈 때 절대로 못 움직이게 하는 것도 그 때문입니다. 비행기가 끝까지 올라가서 안전한 궤도에 도착할 때까지 15분가량은 기다리고 또 기다려야 합니다. 중력과 싸우는 위험한 순간이기 때문입니다.

우리가 영적으로 최대의 추진력을 올리는 방법은 성령의 충만함을 받는 것입니다. 에배소서 5장 18절 말씀에 "술 취하지 마라 이는 방탕한 것이니 오직 성령으로 충만함을 받으라"고 말합니다. 이것은 권유가 아닙니다. 선택의 문제가 아닙니다. 성령을 받았으면 좋겠다고 권면하는 것이 아니라 성공적으로 이륙하기를 원한다면, 독수리가 날개 쳐 올라감같이 올라가고 싶다면 필수적으로 성령 충만을 받으라는 명령의 말씀입니다. 그러므로 반드시 순종해야 합니다.

우리가 성령 충만함을 받아야만 하는 이유는 우는 사자와 같이 두루 다니며 삼킬 자를 찾는 사탄이 있기 때문입니다. 사탄은 양의 탈을 쓰고, 광명한 천사로 가장해 우리를 미혹해 넘어뜨리려고 합니다. 중력이 비행기를 잡아당기는 것처럼 사탄은 우리가 저 창공을 날지 못하도록 삼킬 자를 찾고 있는 것입니다. 따라서 그 마귀를 이기기 위해서는 성령의 충만함을 받는 것밖에는 방법이 없습니다.

저는 비행기 안에서 3시간 동안 갇혀 고생한 경험이 있습니다. 오사카 간사이공항에서 한국으로 돌아오기 위해 비행기에 탑승해 출발을 기다리는데, 비행기가 활주로를 가면서 갑자기 이상 경보장치를 울리더니 다시 돌아오는 것이었습니다. 그때 3시간 동안 갇혀 있으면서 비행기를 차가 와서 끌고 가는 모습을 봤습니다. 비행기를 만든 목적은 날아가려고 만든 건데 활주로만 왔다 갔다 하고 날지를 못하니까 고물이 된 것이었습니다.

마찬가지로 하나님께서 나를 향한 계획을 가지고 특별한 걸작품으로 만들어주셨는데, 이 귀한 걸작품이 하나님의 비전을 이루어드리지 못하고 창공을 날지도 못한다면 참으로 안타까운 일일 것입니다.

우리의 영혼은 절대로 무능하지 않습니다. 넘어지거나 쓰러지지 않는다는 사실입니다. 이에 대해 본문 29~31절에서도 말해주고 있습니다.

"피곤한 자에게는 능력을 주시며 무능한 자에게는 힘을 더하시나니 소년이라도 피곤하며 곤비하며 장정이라도 넘어지며 쓰러지되 오직 여호와를 앙망하는 자는 새 힘을 얻으리니 독수리가 날개치며 올라감 같을 것이요 달음박질하여도 곤비하지 아니하겠고 걸어가도 피곤하지 아니하리로다."

어떤 일에도 곤비치 않고 넘어지지 않으려면 성령의 충만함을 얻어야 합니다. 새 힘을 얻어야만 가능한 것입니다.

우리는 누구나 멋진 비행을 꿈꿉니다. 그러나 멋진 비행은 단번에 이루어지는 것이 아닙니다. 성공적인 이륙에는 그만한 나름의 규칙이 있다는 사실입니다. 그것을 기억하며 독수리가 날개 쳐 올라감같이 훨훨 창공을 날아 목적지에 무사히 도착하는 성도들이 되시기를 바랍니다.

나의 고백은 어떠한가?

왕하 4:25~37

엘리사 선지자는 여러 지역을 순회했지만 그중에서도 수넴이라는 지역에 자주 머물렀던 것 같습니다. 수넴 지역에는 한 여인이 있었는데, 그녀는 엘리사를 잘 섬겼습니다. 자신의 집에 작은 방을 만들어놓고 책상, 의자, 침대, 촛대까지 다 준비해 엘리사가 언제든지 수넴 땅을 지나갈 때 편히 쉬었다가 다른 지역으로 옮겨갈 수 있도록 섬겼습니다. 엘리사는 고마운 마음에 그 여인에게 물었습니다. "네 소원이 무엇이냐." 그러나 여인은 "없다"라고 이야기합니다. 옆에 있던 엘리사의 종 게하시가 가만히 보니 그녀의 남편은 늙었고, 자식은 없었습니다. 게하시가 주인에게 이야기합니다. "엘리사 선생님! 이 집에 자식이 없습니다."

엘리사가 그 이야기를 듣고 수넴 여인에게 1년 후에 아들이 생길 것을 예언합니다. 그녀는 "계집종을 속이지 말라"고 이야기했으나 하나님의 은혜로 1년 후에 아이를 낳게 됩니다. 그러나 그 아이가 어느 정도 자랐을 때 문제가 발생하고 맙니다. 아버지가 곡식을 베고 있는 곳에 나갔다가 갑자기 머리가 아프다고 돌아온 아이가 엄마에게로 가서 무릎을 베고 누워 있다가 곧 죽고 맙니다. 이때 수넴 여인은 죽은 아이를 선생님이 쉬시던 방에 놔두고 엘리사 선생님을 만나러 갑니다. 엘리사는 수넴 여인이 오는 것을 보고는 게하시에게 가서 맞이할 것을 명합니다.

"너는 달려가서 그를 맞아 이르기를 너는 평안하냐 네 남편이 평안하냐 아이가 평안하냐 하라 하였더니 여인이 대답하되 평안하다"(왕하 4:26).

놀라운 것은 여인의 대답이었습니다. 수넴 여인은 하나밖에 없는 아들이 죽었는데 평안을 묻는 인사에 "평안하다"라고 대답하고 있는 것입니다.

수넴 여인이 고난 가운데서도 '평안하다'라고 인사할 수 있었던 이유는 무엇이었을까요? 그것은 육적인 평안함이 아닌 영적인 평안함을 이야기하고 있는 것입니다. 아무리 현실이 고통스럽고 힘들어도 여인은 영적으로는 평안에 거할 수 있었습니다. 주님 한 분만으로 만족했기 때문입니다.

삶에 문제가 없는 날이 있습니까? 평안하기만 한 날이 있습니까? 삶을 살아가다 보면 여러 가지 문제들을 만나기 마련입니다. 또 시험들을 많이 겪습니다. 그렇기 때문에 외적이고 환경적인 평안함은 우리의 삶에 있을 수 없다는 것입니다. 아무리 천만 인이 나를 둘러 진 쳤다 해도, 군대가 나를 둘러 진 쳤다 해도, 원수가 나를 해하려고 해도 우리는 "항상 주님이 내 안에 계시면 나는 주님 한 분만으로 든든히 이겨 나갑니다. 내 맘은 그래서 평안합니다"라고 고백할수 있어야 합니다. 베드로는 감옥에 갇혀 내일이면 죽을 것을 알았지만 영적으로는 평안했기 때문에 잠을 잘 수 있었던 것입니다.

누구든 평안한 삶을 희망합니다. 이것저것 스트레스 안 받고, 신경 안 쓰고 살고 싶어합니다. 그러나 이 땅에서는 그런 날이 없다는 사실입니다. 그러니 우리는 항상 하나님과의 친밀한 관계를 통해서 주님이 내 안에, 내가 주님 안에 거하므로 말미암아 영적인 평안함을 날마다 유지해가야 합니다. 몸은 늙어가나 내 영은 날마다 새로워져야 합니다.

세상은 점점 악해져가고, 사람들은 말을 함부로 하는 경향이 있는 것 같습니다. "요즘 목사들은 말이야"라며 목사 알기를 우습게 여깁니다. 물론 목사들의 잘못도 있을 수 있습니다. 그러나 주의 종은 하나님이 심판할 사람이지 성도들의 입에서 심판받을 사람은 아닙니다. 수넴 여인은 '내 주', '내 주 하나님의 사람'이라고 엘리사를 칭합니다. 존경의 언어를 담아 사용했습니다. 또 본문 23절 말씀에 뭐라고 이야기합니까?

"그 남편이 이르되 초하루도 아니요 안식일도 아니거늘 그대가 오늘 어찌하여 그에게 나아가고자 하느냐 하는지라 여인이 이르되 평안을 비나이다 하니라."

남편은 한 달의 첫날에도 예배드렸고, 안식일 날에도 가서 예배드렸는데 첫날도 아니고, 안식일도 아닌데 왜 또 예배드리러 가느냐고 묻고 있습니다. 이것은 수넴 여인은 한 달의 시작을 하나님께 예배드리며 시작하고, 매주 하나님을 경배하는 규칙적인 예배 습관을 가진 여인이었다는 이야기가 됩니다. 이런 믿음을 가진 수넴 여인을 하나님은 위대한 여인, 훌륭한 여인, 귀한 여인이라고 칭찬해주셨습니다.

우리에게 평안이 없는 근본적인 이유는 하나님과의 관계가 잘못되었기 때문입니다. 비록 문제가 있더라도 하나님이 모든 문제를 가장 좋은 방법으로 해결해주실 것이라는 믿음만 있다면 "그리 아니하실지라도 나는 감사합니다"라고 고백할 수 있는 것입니다.

사실 수넴 여인에게는 고난이 한 가지만 있는 것이 아니었습니다. 첫 번째 고난은 아들이 죽은 고난이었습니다. 아무 잘못도 안 했는데 전라도 말로 맥없이 아들이 죽은 것이었습니다.

또 두 번째로는 기근의 고난이었습니다. "엘리사가 이전에 아들을 다시 살려 준 여인에게 이르되 너는 일어나서 네 가족과 함께 거주할 만한 곳으로 가서 거주하라 여호와께서 기근을 부르셨으니 그대로 이 땅에 칠 년 동안 임하리라"(왕하 8:1). 이스라엘의 범죄로 하나님께서 이 땅에 칠 년 동안 기근을 내리겠으니 "너는 빨리 이 땅을 떠나라" 하고 미리 가르쳐주신 것입니다. 그러나 정든 고향땅을 떠나기란 쉬운 일이 아니었을 것입니다. 아브라함에게 본토 친척,

아버지의 집을 떠나라는 것입니다. 평생 살았던 곳, 아무도 모르는 타향살이를 해야 했습니다. 남편이 이미 죽었기 때문에 여인에게는 가장의 책임이 있었습니다.

세 번째로 이웃들에 의한 고난이 찾아옵니다. 칠 년 만에 흉년이 끝나고 돌아왔더니 이웃들이 집과 땅을 안 주는 것이었습니다. "칠년이 다하매 여인이 블레셋 사람들의 땅에서 돌아와 자기 집과 전토를 위하여 호소하려 하여 왕에게 나아갔더라"(왕하 8:3). 이웃들은 그 욕심으로 인해 땅과 집을 안 주었습니다. 7년 동안이나 비우고 갔으니 돌려줄 수 없다는 것이었습니다. 결국 여인은 답답한 마음에 왕에게 호소하러 갑니다.

세 가지 고난을 겪었지만 하나님을 향해 원망하거나 불평하지 않는 수넴 여인에게 하나님은 은혜를 베푸셨습니다.

"산에 이르러 하나님의 사람에게 나아가서 그 발을 안은지라 게하시가 가까이 와서 그를 물리치고자 하매 하나님의 사람이 이르되 가만 두라 그의 영혼이 괴로워하지마는 여호와께서 내게 숨기시고 이르지 아니하셨도다 하니라 여인이 이르되 내가 내 주께 아들을 구하더이까 나를 속이지 말라고 내가 말하지 아니하더이까"(왕하 4:27~28).

수넴 여인은 그의 아들이 죽고 나자 엘리사를 찾아가 그의 발을 끌어안습니다. 그때 게하시가 여인을 물리치려고 하자 엘리사가 이야기합니다. "놔둬라. 그의 속이 지금 안 좋다. 하나님이 무슨 이유인지 내게 안 가르쳐주셔서 나도 모르겠지만 하여튼 영혼이 심히 괴로워하고 있다."

수넴 여인은 또 이야기합니다. "내가 언제 아들을 달라고 했습니까?" 보통의 사람이라면 호들갑을 떨며 "아들을 살려달라"고 난리를 쳤을 것입니다. "줄 때는 언제고, 또 빼앗아가는 것은 무슨 이유냐"며 따졌을 것입니다. 그러나 수넴 여인은 일체 아들이 죽었다는 말을 안 합니다. 그 어떤 원망이나 불평도 늘어놓지 않았습니다. "내가 언제 아들 달라고 했습니까?"라는 한마디가 전부였습니다. 얼마나 지혜로운 여인입니까?

결국은 엘리사가 여인의 집으로 갑니다. 가서는 아이 위에 올라 엎드려 자신의 입을 그의 입에, 자신의 눈을 그의 눈에, 자신의 손을 그의 손에 대고 그의 몸에 엎드립니다. 그러자 아이의 살이 따뜻해졌습니다. 여인은 아들이 살아나는 기적을 보게 된 것입니다. 엘리사가 아이와 눈과 입과 손을 딱 마주하게 누운 것은 연합을 의미합니다. "이 아이를 데려가시려면 저 또한 데려가 주세요"라는 메시지입니다. 하나님은 엘리사를 쓰시기 위해서라도 이 아이를 데려가실 수 없었을 것입니다.

또한 칠 년의 기근이 오기 전에 여인은 하나님의 은혜로 미리 기근을 피하게 됩니다. "이 땅에 기근이 오니 너는 블레셋으로 가라"는 말씀을 듣고 기근을 피할 수 있었던 것입니다.

마지막으로 집과 땅을 빼앗겼을 때도 뜻밖에 게하시를 만남으로 재산을 돌려받게 됩니다. 왕에게 재판 받으러 오는 사람이 어디 한두 사람이었겠습니까? 대부분은 왕을 만나기는커녕 관리들을 통해 대충 조사를 받았을 것입니다. 그러나 여인은 아람 왕 앞에 나아갔을 때 때마침 게하시를 만납니다. 게하시가 왕에게 7년 전 엘리사가 아이를 살린 이야기를 하고 있던 때였습니다.

"게하시가 곧 엘리사가 죽은 자를 다시 살린 일을 왕에게 이야기할 때에 그 다시 살린 아이의 어머니가 자기 집과 전토를 위하여 왕에게 호소하는지라 게하시가 이르되 내 주 왕이여 이는 그 여인이요 저는 그의 아들이니 곧 엘리사가 다시 살린 자니이다 하니라"(왕하 8:5).

타이밍이 기가 막히게 맞아떨어졌습니다. 결국 여인은 집과 땅은 물론 칠 년 동안 농사지은 모든 소출을 다시 돌려받게 됩니다.

오늘날 우리 사회는 평안하지 않아 보입니다. 이혼율이 세계 1위라고 합니다. 사회 곳곳 각종 범죄가 만연하며 국가적으로도 평안을 위협받고 있습니다. 나라도 평안하지 못하고, 정치도 평안하지 못합니다. 이럴 때 우리는 무엇을 어떻게 지킬 수 있을까요?

나라와 가정, 우리 한 사람 한 사람이 살아갈 길은 하나님 한 분밖에 없음을 인정해야 합니다. 하나님은 전지전능하시며 무에서 유를 창조하신 분이십니다. 그 하나님이 바로 우리의 하나님이 되어 주십니다.

다윗이 10년 동안 도망 다니면서 죽을 고비를 넘기면서도 "하나님이 나의 구원이시고, 나의 산성이시고, 피할 바위시고, 나의 피난처"라고 고백할 수 있었던 것은 천지를 지으신 하나님이 그를 도우신다는 확신이 있었기 때문이었습니다. 문제만을 바라보면 답이 없습니다. 문제를 해결하실 분은 하나님이심을 믿고, 책임져주실 그분을 믿어야 합니다.

하박국 선지자가 "그리 아니하실지라도 나는 여호와만으로 즐거워하고 여호와만으로 감사합니다"라고 고백한 것처럼 주님만으로 만족하는 삶을 살아갈 때, 하나님께서 수넴 여인의 문제를 축복으로 바꾸어주신 것처럼 우리의 문제도 해결해주실 것입니다.

하나님 마음에 합한 사람

삼상 17:31~37

    사람은 누구나 사랑받기를 좋아합니다. 그러나 누군가의 사랑을 받으려면 그 사람의 마음에 맞아야 하듯, 하나님의 사랑을 받으려면 하나님의 마음에 합당해야 합니다. 하나님께서는 다윗을 "내 마음에 맞는 사람, 내 마음에 합한 자"라고 말씀하셨습니다. 마음에 맞는다는 건 무엇을 의미할까요? 다윗이 하나님의 마음에 맞는 사람, 하나님 보시기에 합한 사람이 될 수 있었던 이유는 무엇일까요?

    첫째로 다윗은 하나님 중심적인 사람이었습니다. 하나님이 우선이었기 때문에 하나님 중심적인 삶을 살았습니다. 다윗이 지은 시편의 내용들을 보면 구구절절 하나님 이야기입니다. 하나님을 향한 사랑의 고백입니다. 다윗의 마음은 온통 하나님으로 가득 차 있었기 때문에 늘 그 입술과 시로 하나님을 찬양했습니다. 그렇기 때문에 하나님이 그의 모습을 보고 내 마음에 맞는 사람이라고 말씀하신 것입니다.

    내 마음에 맞는지 그렇지 않은지를 알기 위해서는 긴 시간을 지켜봐야 합니다. 하나님께서도 다윗을 계속해서 유심히 바라보셨습니다. 하나의 사건만을 보시고 "내 마음에 합한 자"라고 말씀하신 것이 아니었습니다. 오늘보다는 내일 더욱더 하나님 마음에 합한 사람이 되어야 할 것입니다. 하나님 중심적인 삶을 살아가야 합니다.

많은 사람들이 어떠한 일을 하기에 앞서 자기 자신을 최우선의 자리에 놓습니다. 계획을 세울 때조차 자기중심적인 계획을 세웁니다. 사업이 얼마나 많은 이익을 낼 수 있을지, 학업에 어떠한 성취가 있을지를 계산해봅니다. 하나님을 위해서 어떻게 일할 것인지, 하나님의 마음을 어떻게 하면 흡족하게 할 수 있을지, 하나님이 나에게 주신 직분을 어떻게 하면 더 잘 감당할 것인지는 뒷전인 경우가 많습니다. 그러나 다윗에게는 하나님이 우선이었습니다.

두 번째로 다윗은 충분히 준비 되어 있는 사람이었습니다. 시간은 물과 같이 흘러갑니다. 하나님은 우리 모두에게 24시간이라는 똑같은 시간을 주셨습니다. 그 시간을 허송세월하며 무의미하게 보내서는 안 됩니다. 시간을 충실하게 보내는 데 있어 그 어떤 것도 핑계가 되어서는 안 됩니다. 나이가 많은 것도, 몸이 불편한 것도 이유가될 수 없습니다. 하나님께서는 각자에게 주신 사명이 있습니다. 그것을 이루기 위해서 우리는 준비해야 하는 것입니다. 언젠가는 세상에서의 시간이 끝날 때가 올 것입니다. 시간이 멈출 때 내 삶도 끝납니다. 그러나 시간이 언제 멈출지는 아무도 알 수 없습니다. 그렇기 때문에 날마다 하나님께 쓰임받기 위해 준비해야 한다는 것입니다. 세월을 아끼시기 바랍니다. 주어진 시간을 소중하게 여기고 기도로 말씀묵상으로 준비하시기 바랍니다.

갈렙은 84세에 "저 산지를 내게 주옵소서"라고 외쳤습니다. 준비만 되어 있다면 하나님 앞에서 나이는 중요하지 않습니다. 하나님께서는 준비 된 그 한 사람을 통해서 사건을 일으켜주십니다. 한 사람을 통해 교회의 분위기가 바뀌고 가정의 분위기가 바뀔 수도 있습니다.

또한 기억해야 할 것은 하나님은 사람을 쓰시기 전에 노력하고, 준비하고, 연습할 시간을 주신다는 사실입니다. 준비하는 시간 동안 연단, 훈련, 시험, 환난, 고통을 주십니다. 그 시간들을 통해 우리는 더욱더 성장하고 단련되는 것입니다. 그렇게 쓰임 받을 준비가 되었다면 기다리면 됩니다. 그러면 어느 순간 하나님이 내 삶에 들어오셔서 개입하시고 사용해주실 것입니다.

다윗도 갑자기 왕이 된 것이 아니었습니다. 다윗은 왕이 되기 전부터 충실하게 준비된 삶을 살았습니다. 어린 나이에 양을 사자와 곰, 맹수들로부터 지키기 위해 물맷돌을 연습했습니다. 그리고 양을 잘 돌보기 위해 수금을 타는 연습도 열심히 했습니다. 그러나 하나님의 때가 되었을 때 다윗은 그것으로 인해 쓰임 받게 됩니다. "형들에게 먹을 것과 갈아입을 옷을 전해주라"는 아버지의 심부름으로 사건 현장에 갔다가 골리앗과 싸우게 되었던 것입니다.

이후 사울이 악신이 걸려 발작을 일으킬 때도 다윗은 수금을 타서 악신이 떠나가게 합니다. 단지 자신의 양을 돌보기 위해 성실하게 준비했던 그것이 나중에 크게 쓰임 받아 사울과 만나게 되고, 사울이 다윗을 곁에 두게 하는 계기가 되었던 것입니다.

예수님께서도 공생애 3년을 일하시기 위해 30년을 준비하셨습니다. 30년이 되고 난 다음 곧바로 복음을 증거 한 것도 아니었습니다. 예수님도 침례를 받으셨고, 40일간 금식하며 준비하셨습니다. 준비되는 동안에 마귀의 시험도 받으셨습니다. 그리고 밤이 새도록 철야기도하면서 제자들을 택하시고 난 다음에 철저하게 기도로 준비하셨습니다. 쓰시기에 합당한 그릇이 되려면 준비되어 있어야 합니다.

세 번째로 다윗은 지금보다 다음이 더 기대되는 사람이었습니다. 현재보다 더 크게 쓰임 받기 위해서는 노력해야 합니다. 다윗은 점점 더 크게 쓰임 받은 사람이었습니다. 다윗이 골리앗을 물리쳤을 때 여인들이 "사울은 천천이요, 다윗은 만만이다"라고 노래를 부릅니다. 그때 꼬마 다윗은 '이 정도면 성공했지'라고 생각하며 교만할 수도 있었습니다. 전쟁의 일등공신이며 임금의 사위가 되었으니 우쭐될 만도 했습니다. 그러나 다윗에게는 그런 모습이 없었습니다.

우리가 지금 이 순간 더 크게 쓰임 받느냐, 그렇지 못하느냐 하는 것은 '지금 어떤 자세를 취하느냐'에 달려 있습니다. 나이를 핑계로 아무것도 안 하려는 분들이 있습니다. 그러나 젊었을 때, 혹은 과거에 얼마만큼 일했는지가 중요한 것이 아닙니다. "지금 내가 나 된 것은 다 하나님의 은혜"라는 고백으로 더 겸손해져야 합니다. 그래야 하나님께 크게 쓰임 받을 수 있습니다.

다윗은 "사울은 천천이요 다윗은 만만이요"라고 할 때 교만하지 않았습니다. 또 사울이 사위를 삼으려고 할 때도 "나 같은 사람이 어찌 왕의 사위가 될 수 있습니까?"라며 거절했습니다. 사울이 악신에 걸렸을 때도 '내가 한번 왕을 노려볼까' 하는 마음을 갖지 않았습니다. 다윗은 항상 겸손했습니다. 하나님은 그런 다윗을 마음에 기뻐하셨습니다. 그리고 그런 다윗을 위해 더 큰 사역을 준비하셨습니다.

그러나 이렇게 겸손한 다윗도 왕이 되기 전 10여 년 동안이나 사울에게 쫓기는 시험을 당했습니다. 훈련과 연단의 시간이었습니다. 사울이 죽은 다음 곧바로 왕이 된 것도 아니었습니다. 두 개 지파의 왕으로 하나님이 또 훈련시키셨습니다. 그러고 난 다음에 나중에 가서야 사울 왕이 죽고 7년 후에 통일 이스라엘의 왕이 되었다는 사실입니다.

성경에는 "때가 차매"라는 말이 많이 등장합니다. 갈라디아서 4장 4절 말씀에도 "때가 차매 하나님이 그 아들을 보내사 여자에게서 나게 하시고 율법 아래에 나게 하신 것은"이라고 기록합니다. 하나님의 때가 있다는 것입니다. 그 때가 찰 때까지 우리는 시험과 환난과 고난과 역경과 어려움이 와도 인내하고 기다려야 합니다. 지금 당장 기적을 일으켜달라고 기도하는 사람들이 있습니다. 하지만 기적을 구하는 것은 결과만 달라는 이야기와 같습니다. 절차와 과정을 무시하고 응답해달라는 기도가 이루어지기는 어렵습니다. 기도응답에도 절차가 있고 과정이 있음을 기억해야 할 것입니다. 그 절차와 과정을 통해서 응답은 이루어진다는 사실입니다.

마지막으로 다윗은 예배에 충실한 사람이었습니다. 예배생활에는 세 가지가 있습니다. 첫째로 제1의 예배생활입니다. 하나님은 주일 지키는 것을 가장 기뻐하십니다. 하나님의 날을 도둑질해서는 안 됩니다. 예배를 최우선순위로 놓을 때 그 예배는 회복됩니다.

둘째는 제2의 예배생활입니다. 주일예배가 끝나면 월요일부터 토요일까지 대부분의 그리스도인들은 예배 생활을 잃어버립니다. 예배와 무관한 삶을 삽니다. 주일날 교회에 와서 "주님 감사합니다. 주님 사랑합니다"하고는 세상에 나가서는 세상 사람들과 구분 없이 살아갑니다. 예배를 영어로 워십(worship) 또는 서비스(service)라고 합니다. 워십은 제1의 예배생활, 바로 교회에서 주일날 드리는 예배입니다. 서비스는 월요일부터 토요일까지 세상 속에서의 나의 삶을 이야기합니다. 로마서 12장 1~2절 말씀에 "그러므로 형제들아 내가 하나님의 모든 자비하심으로 너희를 권하노니 너희 몸을 하나님이 기뻐하시는 거룩한 산 제물로 드리라 이는 너희가 드릴 영적 예배니라 너희는 이 세대를 본받지 말고 오직 마음을 새롭게 함으로 변화를 받아 하나님의 선하시고 기뻐하시고 온전하신 뜻이 무엇인지 분별하도록 하라"고 합니다. 세대를 본받지 말고 거룩한 예배, 세상에서 일주일간의 예배를 잘 드리라는 것입니다. 요즘은 선데이 크리스천, 선데이모닝 크리스천이라는 말이 나올 정도로 주일예배 한 번 드리고 세상에 나가서는 세상 사람들과 똑같이 생활하는 사람들이 많습니다. 제2의 예배생활을 준비해야 합니다.

마지막으로 제3의 예배생활을 준비해야 합니다. 내 일생이 다 예배의 삶이어야 합니다. 다윗은 왕이 되기 전이나 왕이 되고 나서도 항상 하나님을 생각하며 예배드리는 삶을 살았습니다. 항상 성전을 사모했습니다. 시편 120편부터 134편까지 전체가 다 성전으로 올라가는 노래입니다. 다윗은 하나님을 마음의 중심에 모시고 예배드리는 삶을 살았습니다.

하나님의 마음에 합한 사람이 되고자 한다면 먼저 예배생활에 충실해야 합니다. 예배가 회복될 때 우리는 하나님 중심의 사람으로 바로 설 수 있습니다. 점점 더 기대되는 사람으로 성장할 수 있습니다. 다윗처럼 하나님 마음에 합한 사람이 될 수 있습니다.

PART
04

누리다

VS

잃어버리다

순종과 불순종

삼상 15:22~23

　사람은 누구든지 복 받고 싶어 합니다. 그리고 하나님은 우리에게 복 주기를 원하십니다. 그런데 하나님이 주신 복을 지속적으로, 더 풍성히 누리는 사람이 있는 반면에 하나님이 복을 주셨는데 그 복을 빼앗기고 잃어버리는 사람이 있습니다. 한마디로 '누리는 사람'과 '빼앗기는 사람'이 있다는 것입니다.

　사울 왕은 베냐민 지파 사람이며 평범한 시민이었습니다. 그러한 사울이 왕이 될 수 있었던 것은 일방적인 하나님의 은혜였습니다. 임금의 자리가 어떤 자리입니까? 권력의 자리이며 명예로운 자리입니다. 부와 영화를 동시에 누릴 수 있는 최고의 자리입니다. 인간적인 기준으로 볼 때 이보다 더 복된 자리는 없습니다. 사울은 이렇게 어마어마한 복을 한순간에 하나님의 은혜로 받은 것이었습니다.

　그런데 안타깝게도 사울은 그 복을 지속적으로 누리지 못합니다. 대를 이어 복을 누리지 못하고 곧 빼앗기고 잃어버리고 맙니다. 사도행전 13장 22절에 "폐하시고 다윗을 왕으로 세우시고 증언하여 이르시되"라고 합니다. '폐하시고'라는 것은 다시 말해 왕의 자리에서 '쫓아내셨다'는 뜻입니다. 그리고 그 왕의 자리를 '이새의 아들 다윗'에게 주셨다는 것입니다.

하나님께서 왕의 자리를 다윗에게 넘긴 이유는 무엇이었을까요? "내가 이새의 아들 다윗을 만나니 내 마음에 맞는 사람"이었다고 성경은 기록합니다. 사울은 하나님의 마음에 맞지 않았고, 다윗은 하나님의 마음에 맞았다는 것입니다. 사울이 복을 계속 누리지 못했던 이유, 그 복을 다윗에게 빼앗겼던 이유는 하나님의 마음에 맞지 않았기 때문이었습니다.

사울은 하나님의 말씀을 무시하고 불순종했습니다. 사울은 왕이 된 후에 하나님께로부터 첫 임무를 부여받습니다. 그 첫 임무는 "너희가 출애굽 했을 때 너희 갈 길을 막았던 그 아말렉 족속을 전부 다 진멸해버리라"는 것이었습니다. 하나도 남김없이 다 죽이라는 것이었습니다. 그러나 사울은 아말렉 족속을 다 죽이지 않았습니다. 버리기 쉽고, 값이 안 나가는 물건들은 다 버렸으나 버리기 아까운 것들은 버리지 않았습니다. 하나님 앞에 불순종한 것입니다. 이에 대해 사무엘상 15장 23절에 "이는 거역하는 것은 점치는 죄와 같고 완고한 것은 사신 우상에게 절하는 죄와 같음이라"고 합니다. 불순종이 세상 무당들에게 점치는 죄와 똑같고, 완고한 것은 사신 우상에게 절하는 죄와 같다는 말씀입니다. 그러므로 "왕이 여호와의 말씀을 버렸으므로 여호와께서도 왕을 버려 왕이 되지 못하게 하셨나이다"라고 성경은 설명하고 있는 것입니다.

우리는 하나님 앞에 순종해야 한다는 것을 잘 알지만, 하루에도 여러 번 순종과 불순종의 갈림길에서 망설입니다. 그때 하나님의 말씀을 주야로 묵상하며 그 말씀에 항상 순종하는 삶을 선택해야 합니다. 하나님 말씀이 우리에게 등불이 되고 길이 되고 빛이 되어 그 말씀을 따라 가는 삶을 살아가야 합니다.

하나님의 마음에 맞는 사람은 순종하는 사람이고, 하나님의 마음에 맞지 않는 사람은 불순종하는 사람입니다. 불순종의 사람이 하나님의 마음에 맞을 리가 없고 하나님은 하나님의 마음에 맞지 않는 불순종하는 사람에게 계속해서 복을 받아 누리도록 허락하실 이유가 없습니다. 불순종한 죄인은 하나님께서 주신 복을 지속적으로 받아 누릴 수 없습니다.

아담과 하와는 최고의 낙원에서 살았습니다. 네 개의 축복의 강이 흐르는, 영원토록 살 수 있는 에덴동산에서 살았습니다. 그러나 그들은 그 복을 지속적으로 누리지 못하고 빼앗기고 맙니다. 선악을 알게 하는 나무의 열매를 절대 먹지 말라고, 먹으면 반드시 죽는다고 하신 말씀을 저버렸기 때문입니다.

하나님께서는 이스라엘 백성들이 젖과 꿀이 흐르는 가나안 땅에 왜 들어가지 못하게 하셨을까요? 민수기 32장 11절 말씀에 "애굽에서 나온 자들이 이십 세 이상으로는 한 사람도 내가 아브라함과 이

삭과 야곱에게 맹세한 땅을 결코 보지 못하리니 이는 그들이 나를 온전히 따르지 아니하였음이니라"고 합니다. "온전히 따르지 않았다"는 것은, 그들이 온전히 순종하지 않았다는 뜻입니다. 그러면서 12절에서 말씀하기를 "그러나 그나스 사람 여분네의 아들 갈렙과 눈의 아들 여호수아는 여호와를 온전히 따랐느니라"고 합니다. 이 말씀을 뒷받침해 줄 수 있는 말씀이 신명기 1장 36절입니다.

"오직 여분네의 아들 갈렙은 온전히 여호와께 순종하였은즉 그는 그것을 볼 것이요 그가 밟은 땅을 내가 그와 그의 자손에게 주리라 하시고."

나만 잘 먹고 잘 살면 된다는 식으로 살아가고 싶은 사람은 없을 것입니다. 모든 부모들은 자녀들이 하나님의 복을 받아 젖과 꿀이 흐르는 땅에서 주님을 영원토록 섬기는 삶을 살아가기를 바랄 것입니다. 이를 위해서는 믿음의 유산을 자녀들에게 물려주어야 합니다.

히브리서 5장 8~9절 말씀에 "그가 아들이시면서도 받으신 고난으로 순종함을 배워서 온전하게 되셨은즉 자기에게 순종하는 모든 자에게 영원한 구원의 근원이 되시고"라고 했습니다. 자기에게 순종하는 모든 자에게만 영원한 구원의 근원이 되어주신다는 것입니다. 예수님이 세상에 오신 중요한 목적 중 하나가 '하나님의 뜻을 행하기 위해서'였습니다. 순종하시기 위해 오셨다는 사실입니다.

하나님이 우리를 세상이라는 애굽에서 교회 안으로 불러주셔서 구원해주신 목적은 교회 안에서 모여 기도하고, 말씀 듣고, 성령 충만함을 받아 하나님의 뜻이 무엇인지를 알고 세상에 나아가서 하나님의 뜻을 행하라는 것입니다. 그래서 예수님 대신 우리를 사신으로 보내주신 것입니다.

또 요한복음 5장 30절에 "내가 아무 것도 스스로 할 수 없노라 듣는 대로 심판하노니 나는 나의 뜻대로 하려 하지 않고 나를 보내신 이의 뜻대로 하려 하므로 내 심판은 의로우니라"고 합니다. 예수님은 모든 것을 다 아버지 하나님의 뜻대로 했습니다. 예수님은 태어나 부활 승천하실 때까지 항상 하나님의 뜻에 순종함으로 구원사역을 성취하셨습니다. 그래서 로마서 5장 19절 말씀에 "사람이 순종하지 아니함으로 많은 사람이 죄인 된 것 같이 한 사람이 순종하심으로 많은 사람이 의인이 되리라"고 말씀하고 있는 것입니다.

사울은 순종하지 않음으로 그 복을 빼앗기고 말았습니다. 사울의 자녀 요나단은 얼마나 괜찮은 사람이었습니까? 그러나 그것을 자녀들에게 계속 이어주지 못하고 그 대에서 끝나도록 했다는 것입니다.

MIT 공대의 레이 커즈와일 박사는 이런 이야기를 했다고 합니다. "현재 속도 그대로를 가정해서 21세기가 끝날 무렵에는 대략 2만 년 동안의 진보가 있을 것입니다." 사회가 급변한다는 이야기입니다. 새로운 제품, 새로운 가치, 새로운 혁명이 계속해서 나오고 있습니다. 세상은 변합니다. 기술문명도 변합니다. 하지만 순종해야 복을 누리는 것은 영원불변의 진리입니다. 세상이 아무리 편리해지고 산업이 발달해도 순종하지 않으면 안 됩니다. 이것은 영원불변의 진리이기 때문입니다.

복을 지속적으로 누리기 원한다면 하나님의 말씀을 존귀하게 여기고 순종하시기 바랍니다. 복을 누리느냐, 잃어버리느냐는 순종과 불순종의 차이입니다.

교만과 겸손
삼상 13:11~14

　왕이 되기 전 사울은 매우 겸손한 사람이었습니다. "나는 이스라엘 지파의 가장 작은 지파 베냐민 사람"이라며 자신을 낮추었습니다. 또 "나의 가족은 베냐민 지파 모든 가족 중에 가장 미약하지 아니하니이까"라고 겸손히 말할 줄 아는 사람이었습니다. 그러나 왕이 되고 난 후 사울은 제사장만의 고유 권한인 제사를 직접 드린 일로 책망을 받습니다.

　"사무엘이 사울에게 이르되 왕이 망령되이 행하였도다 왕이 왕의 하나님 여호와께서 왕에게 내리신 명령을 지키지 아니하였도다 그리하였더라면 여호와께서 이스라엘 위에 왕의 나라를 영원히 세우셨을 것이거늘 지금은 왕의 나라가 길지 못할 것이라 여호와께서 왕에게 명령하신 바를 왕이 지키지 아니하였으므로 여호와께서 그의 마음에 맞는 사람을 구하여 여호와께서 그를 그의 백성의 지도자로 삼으셨느니라"(13,14절).

　여호와께서 왕에게 명령하신 바를 왕이 지키지 않았으므로 여호와께서 그의 마음에 맞는 사람을 구해 백성의 지도자로 세우실 것이라는 말씀입니다. 처음에는 겸손했던 사울이지만 나중에는 교만해져서 자신의 역할이 아닌 다른 역할까지 침범하게 되었던 것입니다. 야고보서 4장 6절 말씀에 "하나님이 교만한 자를 물리치시고 겸손한 자에게 은혜를 주신다"고 했습니다. 하나님이 주신 복을 계속해서 누리려면 반드시 겸손해야 합니다.

우리의 가장 큰 대적인 사탄의 특성이 바로 교만입니다. 사탄은 어떻게 해서든지 우리 인간들에게 자꾸만 교만을 심어주려고 합니다. 그래서 창세기 3장 5절 말씀에 "너희가 그것을 먹는 날에는 너희 눈이 밝아져 하나님과 같이 되어 선악을 알 줄 하나님이 아심이니라"라고 하와를 유혹하는 것입니다. 본인이 하나님과 같이 되고자 교만해진 것처럼 우리 인간의 마음에도 자꾸 교만한 마음을 준다는 것입니다. "야, 네가 최고로 잘났어. 네가 최고야"라며 마음 가운데 교만함을 주는 것이 사탄의 본질입니다.

웃시야 왕도 강성해지니까 그 마음이 교만해져 사울 왕처럼 자기가 제사를 드렸습니다. 그리고 결국 나중에 왕의 자리에서 쫓겨납니다. 역대하 26장 16~18절 말씀에 이에 대한 이야기가 잘 나와 있습니다.

"그가 강성하여지매 그의 마음이 교만하여 악을 행하여 그의 하나님 여호와께 범죄하되 곧 여호와의 성전에 들어가서 향단에 분향하려 한지라 제사장 아사랴가 여호와의 용맹한 제사장 팔십 명을 데리고 그의 뒤를 따라 들어가서 웃시야 왕 곁에 서서 그에게 이르되 웃시야여 여호와께 분향하는 일은 왕이 할 바가 아니요 오직 분향하기 위하여 구별함을 받은 아론의 자손 제사장들이 할 바니 성소에서 나가소서 왕이 범죄하였으니 하나님 여호와에게서 영광을 얻지 못하리이다."

그 다음절 19절에 어떻게 기록되어 있습니까? "웃시야가 손으로 향로를 잡고 분향하려 하다가 화를 내니 그가 제사장에게 화를 낼 때에 여호와의 전 안 향단 곁 제사장들 앞에서 그의 이마에 나병이 생긴지라." 문둥병이 생겼다는 것입니다. 결국 웃시야 왕은 나병환자가 되어 죽는 날까지 여호와의 전에서 끊어져 별궁에 살았으므로 그의 아들 요담이 왕궁을 관리하며 백성을 다스렸다는 것입니다. 하나님께서 주신 복을 빼앗기지 않고 지속적으로 누리려면 반드시 겸손해야 합니다. 행여 교만이 내 안에 있는지 가만히 돌아보고, 그것을 제거해야 합니다.

우리에게는 보통 세 가지의 교만이 있습니다. 첫째로 남을 비판하려는 교만입니다. 우리 마음속에는 사탄이 심어놓은 비판의 씨앗들이 많습니다. 그래서 때로는 비판도 하고 자기 스스로가 하나님이 되어 남을 판단하려고 듭니다. 그러나 우리는 재판관이 아닙니다. 재판관은 하나님 한 분이십니다. 법을 만드신 분도 하나님이시고, 법을 집행할 분도 하나님이라고 성경은 이야기하고 있습니다.

그런데 우리는 많은 사람들을 정죄하고 비판하고 판단하기를 좋아합니다. 비판하고 정죄하는 사람들 중에는 여러 종류가 있습니다. 먼저 줄자와 같은 사람입니다. 그런 사람은 자기 나름대로 기준을 정해놓고 언제나 거기에다가 사람을 맞춰보고 거기에서 벗어나면 비판하고 정죄합니다. 또 망치 같은 사람이 있습니다. 이 사람은 자기의 기준과 다르면 마구 두들기고 자기 기준에 맞추기를 강요합니다. 두들기고 때려 부수기도 합니다. 무리를 해서라도 자신의 기준에 맞추려는 것입니다. 다음으로 톱 같은 사람이 있습니다. 이런 사람은 자기 기준과 다르면 잘라냅니다. 자신만의 기준이 있고, 그와 맞지 않으면 상종을 안 하겠다는 것입니다. 독선적이고 이기적인 사람입니다. 마지막으로 자물쇠 같은 사람이 있습니다. 자기와 다른 것을 용납하지 못하고 폐쇄적이고 방어적입니다. 그래서 서로 소통이 어렵습니다. 아예 마음을 자물쇠처럼 닫는 사람입니다. 그러므로 우리는 남을 비판해서는 안 됩니다. 남을 비판한다는 것은 엄청난 교만입니다.

마태복음 7장 1~2절에 "비판을 받지 아니하려거든 비판하지 말라 너희가 비판하는 그 비판으로 너희가 비판을 받을 것이요 너희가 헤아리는 그 헤아림으로 너희가 헤아림을 받을 것이니라"고 했습니다. 비판은 하나님만이 하실 수 있는 것입니다. 인간 된 우리가 사람을 판단하는 것은 교만이 됩니다.

둘째로 자신의 들보를 깨닫지 못하는 교만이 있습니다. "어찌하여 형제의 눈 속에 있는 티는 보고 네 눈 속에 있는 들보는 깨닫지 못하느냐 보라 네 눈 속에 들보가 있는데 어찌하여 형제에게 말하기를 나로 네 눈 속에 있는 티를 빼게 하라 하겠느냐 외식하는 자여 먼저 네 눈 속에서 들보를 빼어라 그 후에야 밝히 보고 형제의 눈 속에서 티를 빼리라"(마 7:3~5). 남을 비판할 자격도 없으면서 남을 막 비판합니다. 우리는 무엇보다 자신의 부족을 먼저 깨달아야 합니다. 내 단점이 무엇인지를 깨닫는 데 최선을 다해야 합니다. 가정에서도 마찬가지입니다. 아내의 단점, 남편의 단점을 서로 이야기하는 것 자체가 교만입니다. 주님은 분명히 "너의 들보를 먼저 깨달으라"고 말씀합니다. 그리고 난 다음에 티눈을 빼내라는 말씀입니다.

셋째로 거룩한 것을 개나 돼지에게 던져주는 교만이 있습니다. 마태복음 7장 6절 말씀에 "거룩한 것을 개에게 주지 말며 너희 진주를 돼지 앞에 던지지 말라 그들이 그것을 발로 밟고 돌이켜 너희는 찢어 상하게 할까 염려하라"고 합니다. 사람이 교만해지면 분별력이 사라집니다. 그리고 자기중심적으로 변합니다. 그래서 하나님의 뜻을 행한다는 핑계로 하나님의 뜻을 자꾸 어그러뜨리는 행위를 합니다. 거룩한 것을 개에게, 돼지에게 던져주는 격입니다. 주의 일을 한다고 하면서 자기 이익을 위해서 자기 뜻대로 행합니다. 하나님의 은혜로 좋은 의도로 시작하지만 나중에는 자기의 뜻과 고집대로 하다 보니 망령된 행실을 하게 되는 것입니다.

우리는 어떤 것이 교만인지 너무나 잘 압니다. 하나님이 교만한 것을 대적하시며 겸손한 자에게 더욱 큰 은혜를 주시는 것도 잘 알고 있습니다.

겸손한 사람은 남을 비판하지 않습니다. 자신을 먼저 돌아보고 모든 지극히 작은 것 하나조차도 하나님께 늘 겸손하게 여쭙고 그 거룩한 뜻대로 나아갑니다. 그리고 결국에는 하나님께서 주신 복을 지속적으로 누리며 살아가게 됩니다. 하나님은 겸손한 자를 기뻐하십니다. 그러므로 우리는 스스로 내 안에 교만이 있는지 돌아보고, 그 교만을 제거하여 주신 복을 날마다 누리며 살아가야 할 것입니다. 복을 누리느냐, 잃어버리느냐는 겸손과 교만의 차이입니다.

회개와 변명

삼상 15:20~21

　우리는 자기변명이 많은 시대에 살고 있습니다. 회개보다는 남의 탓으로 돌리는 회피 풍조가 만연합니다. 그래서 노동자는 고용주를, 고용주는 노동자를 탓하고 상사는 아랫사람을, 아랫사람은 윗사람을 탓합니다. 제자는 스승을, 스승을 제자를 탓하고 여당은 야당을, 야당은 여당을 탓하며 서로간의 책임을 회피합니다. 교회에서도 마찬가지로 목사는 장로를 탓하고, 장로는 목사를 탓합니다. 가정에서 시어머니는 며느리를, 며느리는 시어머니를 탓하며 책임을 서로에게 떠넘기려 합니다. 물론 변명이 자기 자신을 지키는 방법이 될 수도 있습니다. 그러나 그 변명이 때로는 우리를 그릇된 길로 인도한다는 사실을 기억해야 합니다. 스스로를 합리화시킴으로써 잘못을 돌이킬 수 있는 기회를 놓치게끔 만드는 것, 이것이 바로 변명입니다.

　변명에는 네 가지 종류의 변명이 있습니다. 첫 번째는 책임회피성 변명입니다. 창세기 3장 12절 말씀에 "아담이 이르되 하나님이 주셔서 나와 함께 있게 하신 여자 그가 그 나무열매를 내게 주므로 내가 먹었나이다"라고 합니다. 하와는 또 어떻습니까? "네가 어찌하여 이렇게 하였느냐"라는 하나님의 질문에 "뱀이 나를 꾀므로 내가 먹었나이다"라고 대답합니다. 서로가 책임을 전가시키는 변명을 하기 시작한 것입니다.

한 달란트 받은 자는 어떻게 변명했습니까? "한 달란트 받았던 자는 와서 이르되 주인이여 당신은 굳은 사람이라 심지 않은 데서 거두고 헤치지 않은 데서 모으는 줄을 내가 알았으므로 두려워하여 나가서 당신의 달란트를 땅에 감추어 두었었나이다 보소서 당신의 것을 가지셨나이다"(마 25:24~25). 달란트를 받았으면 남기는 게 있어야 하는데 그렇지 못한 데 대한 책임을 주인에게 돌리고 변명을 늘어놓더라는 것입니다.

아론의 변명도 참 재미있습니다. 출애굽기 32장 21~24절에 "모세가 아론에게 이르되 이 백성이 당신에게 어떻게 하였기에 당신이 그들을 큰 죄에 빠지게 하였느냐"라고 했더니 아론이 말하기를 "내 주여 노하지 마소서 이 백성의 악함을 당신이 아나이다 그들이 내게 말하기를 우리를 위하여 우리를 인도할 신을 만들라 이 모세 곧 우리를 애굽 땅에서 인도하여 낸 사람은 어찌 되었는지 알 수 없노라 하기에 내가 그들에게 이르기를 금이 있는 자는 빼내라 한즉 그들이 그것을 내게로 가져왔기로 내가 불에 던졌더니 이 송아지가 나왔나이다"라고 변명합니다. 아론은 제사장입니다. 모세가 없는 동안 모든 백성을 책임져야 할 중요한 자리에 있으면서 모든 책임을 백성들에게 떠넘기고 있는 것입니다. 책임을 회피하는 변명입니다.

두 번째로 진실을 숨기려는 변명이 있습니다. 사무엘상 13장 11~12절 말씀에 보면 사울은 두려움으로 자신의 잘못을 은폐합니다. 사무엘에게 "백성은 내게서 흩어지고 당신은 정한 날 안에 오지 아니하고 블레셋 사람은 믹마스에 모였음을 내가 보았으므로 이에 내가 이르기를 블레셋 사람들이 나를 치러 길갈로 내려오겠거늘 내가 여호와께 은혜를 간구하지 못하였다 하고 부득이하여 번제를 드렸나이다"라고 합니다. 이런 핑계를 대면서 진실을 숨기고 변명을 늘어놓습니다. 그러나 사무엘상 15장 21절에 "다만 백성이 그 마땅히 멸할 것 중에서 가장 좋은 것으로 길갈에서 당신의 하나님 여호와께 제사하려고 양과 소를 끌어 왔나이다"라고 합니다. 그 안에 좋은 것들을 소유하고 싶은 욕심이 있었던 것입니다. 이로 인해 하나님께서는 사울을 이스라엘 왕으로 삼으신 것을 후회하셨습니다. 솔직하지 못하고 자신의 잘못을 숨기기 위해 변명했기 때문입니다.

세 번째로 거절성 변명이 있습니다. 누가복음 14장에 보면 잔치하는 장면이 나옵니다. 임금이 손님들을 다 초대했습니다. 그런데 사람들이 여러 가지로 핑계를 대며 거절합니다. 어떤 사람은 "나는 밭을 샀으매 아무래도 나가 보아야 하겠으니 청컨대 나를 양해하도록 하라"고 이야기합니다. 또 한 사람은 "나는 소 다섯 겨리를 샀으매 시험하러 가니 청컨대 나를 양해하도록 하라"며 이해를 구합니다. 어떤 사람은 "나는 장가들었으니 그러므로 가지 못하겠노라"고 합니다. 이때 주님은 "내가 너희에게 말하노니 전에 청하였던 그 사람들은 하나도 내 잔치를 맛보지 못하리라"고 그들을 책망합니다.

초대에 거절하기 위해 사람들은 나름대로 변명을 했습니다. 우리도 마찬가지입니다. 어떠한 제안에 대해 거절하기 위해, 저마다 변명을 지어내고 있다는 것입니다. 마음이 있으면 길이 보이나 마음이 없으면 핑계만 보이기 마련입니다. 이것을 우리는 가만히 생각해볼 필요가 있습니다.

마지막 네 번째로 불신앙의 변명이 있습니다. 불신앙은 믿지 못하는 변명입니다. 믿지 못하므로 변명을 합니다. 하나님께서 모세를 부르십니다. 가시떨기에서 모세를 부르면서 하신 말씀이 "내 백성을 구하러 가라"는 것이었습니다. "그래서 내가 너를 택했다"는 말씀이었습니다. 이때 모세가 변명한 내용이 출애굽기 3장 11~13절에 기록되어 있습니다. 모세가 "내가 누구이기에 바로에게 가며 이스라엘 자손을 애굽에서 인도하여 내리이까"라고 하자 하나님께서 "내가 반드시 너와 함께 있으리라 네가 그 백성을 애굽에서 인도하여 낸 후에 너희가 이 산에서 하나님을 섬기리니 이것이 내가 너를 보낸 증거니라"라고 말씀하십니다. 그러자 모세가 변명합니다. "내가 이스라엘 자손에게 가서 이르기를 너희의 조상의 하나님이 나를 너희에게 보내셨다 하면 그들이 내게 묻기를 그의 이름이 무엇이냐 하리니 내가 무엇이라고 그들에게 말하리이까." 그리고 출애굽기 4 장 1절에 "그러나 그들이 나를 믿지 아니하며 내 말을 듣지 아니하고 이르기를 여호와께서 네게 나타나지 아니하셨다 하리이다"라며 또 핑계를 댑니다. 10절에도 "오 주여 나는 본래 말을 잘 하지 못하는 자니이다 주께서 주의 종에게 명령하신 후에도 역시 그러하니 나는 입이 뻣뻣하고 혀가 둔한 자니이다"라면서 변명합니다. 하나님이 함께해주시겠다고 했지만, 여러 표적들까지 보여주셨지만 그래도 계속해서 변명을 하고 있는 모습입니다.

이 이야기가 비단 모세만의 이야기가 아닙니다. 하나님은 우리에게 많은 책임들을 맡겨주셨습니다. 그 많은 책임들을 우리는 어떻게 사용하고 있습니까? 자기 자신을 합리화시키기 위해서 남에게 떠넘기고 있지는 않은지, 나 살자고 자기합리화를 하면서 변명을 늘어놓고 있는 것은 아닌지 스스로를 한번 돌아봐야 할 것입니다.

우리는 연약하기 때문에 험악한 세상에서 살아가다 보면 실수할 수 있습니다. 허물을 범할 수도 있습니다. 그러나 실수와 허물을 감추거나 변명하지 않아야 합니다. 솔직하게 인정하고 고백하면 하나님께서 약속하신 대로 죄와 허물을 사하시고 모든 불의에서 우리를 건져주시고 깨끗하게 해주신다는 사실을 믿으시기 바랍니다.

요한일서 1장 9절에 "만일 우리가 우리 죄를 자백하면 그는 미쁘시고 의로우사 우리 죄를 사하시며 우리를 모든 불의에서 깨끗하게 하실 것이요"라고 했습니다. 하나님께 회개하면 용서함을 받을 수 있습니다. 그러나 끝까지 고집스럽게 자신의 죄와 허물을 인정하지 않고 자기변명을 하면서 모든 허물의 책임을 다른 사람이나 어떤 환경의 탓으로 전가시키고 자기를 합리화시키는 사람은 용서의 은혜를 누리지 못하고 중한 심판을 받게 되는 것입니다. 우리는 변명에서 벗어나야 합니다. 내 자신을 먼저 돌아보고 내 들보를 먼저 빼내고 용서의 은혜를 구해야 합니다.

말세가 되면 제일 먼저 나타나는 현상이 바로 사람들이 자기를 사랑한다는 것입니다. 그리고 돈을 사랑합니다. 디모데후서 3장 2절 말씀에 "사람들이 자기를 사랑하며 돈을 사랑하며 자랑하며 교만하며 비방하며 부모를 거역하며 감사하지 아니하며 거룩하지 아니하며"라고 합니다. 하나님을 위해서 일을 한다고 하지만 그것이 자신에게 해가 될까봐 전전긍긍하는 모습을 발견합니다. 하나님보다 나 자신을 더 사랑하기 때문에 하나님 앞에서 꾸며대는 변명, 그것이 바로 우리의 영혼을 병들게 하는 못된 바이러스와 같은 것입니다. 나를 너무 사랑하기 때문에 자신을 자꾸 포장하고 합리화시키고 숨기려고 합니다. 하나님을 더 사랑한다면 하나님 앞에 부족함을 솔직히 고백하도록 되어 있습니다. 그러나 말세에는 자기를 더 사랑하기 때문에 하나님 앞에 솔직하기보다 내 자신이 남들에게 어떻게 비춰

질까 전전긍긍하게 된다는 것입니다.

우리는 스스로가 실수와 허물이 많은 존재임을 인정해야 합니다. 그럴 때 하나님 앞에서 자신의 허물과 죄를 고백하므로 용서함 받을 수 있습니다. 변명에서부터 자유로워질 수 있습니다. 복을 누리느냐, 잃어버리느냐는 회개와 변명의 차이입니다.

자기 영광, 하나님 영광

삼상 15:12

'하나님께 영광 돌리라'는 말은 하나님의 이름을 존귀하게 하라는 말이고, 하나님의 크신 덕을 높이 찬양하라는 말입니다. 하나님의 위업을 기리라는 말도 됩니다. 하나님의 명예를 빛나게 하고, 하나님의 위신과 체면과 자존심을 높이 세우라는 뜻입니다.

그러나 사울 왕은 하나님께 마땅히 드려야 할 영광을 자기 자신이 모두 가로챘습니다. 승리의 영광을 하나님께 돌리지 않고 자기 자신이 그 영광을 받으려고 했다는 것입니다. 본문 12절 말씀에 사울이 자기를 위하여 기념비를 세웠다고 이야기합니다. 하나님의 영광을 위해서 전승비를 세운 것이 아니라 자신의 영광을 위해 전승비를 세웠다는 것입니다. 이에 하나님께서는 사울을 왕으로 세운 것을 후회한다고 말씀하십니다.

사도행전 12장 21~23절 말씀에 보면 헤롯왕도 하나님의 영광을 가로챘습니다. "헤롯이 날을 택하여 왕복을 입고 단상에 앉아 백성에게 연설하니 백성들이 크게 부르되 이것은 신의 소리요 사람의 소리가 아니라 하거늘 헤롯이 영광을 하나님께로 돌리지 아니하므로 주의 사자가 곧 치니 벌레에게 먹혀 죽으니라." 헤롯은 하나님께 돌려야 할 영광을 가로챘습니다.

또한 사울은 하나님의 명예가 훼손되고 하나님의 자존심이 상하는 일에는 침묵을 지키고 자신의 명예가 훼손되고 자신의 자존심이 상하는 일에는 민감하게 반응하며 분노했습니다. 사무엘상 17장에 보면 이스라엘과 블레셋이 대치합니다. 블레셋의 장수 골리앗이 하나님과 하나님의 백성인 이스라엘 사람들의 명예를 훼손하고 자존심을 상하게 하는 거침없는 말을 내뱉어버립니다. 그런데 사울 왕을 비롯한 이스라엘 군대 가운데 그 누구도 감히 골리앗 앞에서 실추되고 상처받은 하나님의 명예와 자존심을 회복시키려고 하는 사람이 없었습니다. 하나님을 모욕하고 하나님의 군대를 모욕하는 골리앗을 두려워할 뿐, 어느 누구 하나 앞에 나가서 하나님의 명예를 높여든 사람이 없었다는 것입니다. 그러나 사울 왕은 자신의 명예가 실추되고 자신의 자존심이 상하는 일에는 참지 못하고 분노했습니다. 사무엘상 18장 6~9절에 다윗이 블레셋 사람을 죽이고 돌아올 때의 장면이 소개됩니다. 그때 여인들이 이스라엘 모든 성읍에서 나와서 노래하며 춤추며 소고와 경쇠를 가지고 왕 사울을 환영하는데 여인들이 뛰놀며 노래하여 이르되 "사울이 죽인 자는 천천이요, 다윗은 만만이라"고 합니다. 그리고 이 말에 사울이 분노하여 다윗을 주목하기 시작합니다.

반면 다윗은 골리앗이 하나님의 백성을 모욕하는 소리를 듣고 분하게 여겨 예수의 이름으로 담대하게 나갑니다. 그리고 골리앗을 물리칩니다. 훼손된 하나님의 명예와 상처받은 하나님의 자존심을 다윗은 모른 척 하지 않았습니다. 모두가 다 두려워 떨 때 다윗은 당당하게 나아가 하나님의 마음을 시원하게 해드렸다는 사실입니다. 이러한 다윗을 보시고 하나님은 "내가 이새의 아들 다윗을 만남이 내 마음에 맞는 사람이라 내 뜻을 다 다윗을 통해서 이루리라"고 하셨습니다. 사울은 마땅히 하나님께 돌려드려야 할 영광을 자신이 가로챘다가 받은 복을 계속해서 누리지 못하고 빼앗겼지만 다윗은 모든 영광을 오직 하나님께만 돌렸기 때문에 큰 복을 받고 받은 복을 계속해서 누릴 수 있었던 것입니다. 그렇다면 우리는 어떻게 하나님께 영광을 올려드릴 수 있을까요?

첫째로 하나님의 말씀에 '아멘'으로 화답할 때 하나님께서는 영광을 받으십니다. 아멘은 '진실로 그렇습니다. 그렇게 되어지기를 바랍니다'라는 고백입니다. 고린도후서 1장 20절 말씀에 "하나님의 약속은 얼마든지 그리스도 안에서 예가 되니 그런즉 그로 말미암아 우리가 아멘 하여 하나님께 영광을 돌리게 되느니라"고 했습니다. '아멘'은 선포된 말씀에 대한 인정입니다. 말씀을 진실로 받아들이며 그 말씀대로 되어지기를 소망한다는 뜻이 됩니다. 그러니 하나님이 영광을 받으시는 것입니다.

두 번째로 하나님은 우리가 감사할 때 영광을 받으십니다. 시편

50편 23절 말씀에 "감사로 제사를 드리는 자가 나를 영화롭게 하나니 그의 행위를 옳게 하는 자에게 내가 하나님의 구원을 보이리라"고 합니다. 감사로 제사를 드려야 합니다. 어떤 일이 있어도 항상 감사할 수 있어야 합니다. 하나님은 우리의 중심을 꿰뚫어보고 계십니다. 그렇기 때문에 겉으로만 '아멘'하고 또 겉으로만 '감사합니다'라고 해봐야 아무런 소용이 없습니다. 사람은 속일 수 있어도 하나님은 속일 수 없습니다.

세 번째로 견고한 믿음이 있을 때 하나님은 영광을 받으십니다. 다윗이 "너는 칼과 창과 단창으로 내게 나아오지만 나는 만군의 여호와의 이름으로 나간다"며 당당히 맞설 수 있었던 것은 '전쟁은 하나님께 속한다'는 확고한 믿음이 있기 때문이었습니다. 골리앗을 반드시 이길 것이라는 확신이 그에게는 있었습니다. 곰의 발톱에서도 건져주셨다는 그 믿음의 확신이 있었기 때문에 나설 수 있었던 것입니다.

하나님이 일하시면 어떤 열악한 환경에서도 반드시 그 일은 이루어집니다. 하나님이 만지시면 반드시 역사는 나타납니다. 그 확고한 믿음을 가지고 나아가야 합니다.

네 번째로 열매를 맺을 때 하나님은 영광을 받으십니다. 요한복음 15장 8절에 "너희가 열매를 많이 맺으면 내 아버지께서 영광을 받으실 것이요 너희는 내 제자가 되리라"고 했습니다. 먼저 우리는 성령의 열매를 맺어야 합니다. 그리고 전도의 열매를 맺으시기 바랍니다. 때를 얻든지 못 얻든지 전하는 자가 있어야 들을 수 있습니다. 그러니 항상 듣든지 아니 듣든지 열심히 예수님을 전해야 합니다. 구원은 하나님께 속한 것이기 때문에 하나님께서 일해주실 것을 믿고 그 믿음으로 전도해야 합니다.

그리고 복음으로 많은 사람을 낳아 전도의 열매를 맺어야 합니다. 성령의 충만함을 받아 성령의 열매를 맺을 때, 하나님께서 영광을 받으시고 우리는 비로소 예수님의 제자가 될 수 있는 것입니다.

복을 누리느냐, 잃어버리느냐는 하나님께 영광을 돌리느냐, 내가 그 영광을 가로채느냐의 차이입니다.

자족과 욕심

삼상 15:9

사울 왕이 한 번에 받은 그 엄청난 축복을 잃어버린 건 욕심 때문이었습니다. 야고보서 1장 14~15절 말씀에 "오직 각 사람이 시험을 받는 것은 자기 욕심에 끌려 미혹됨이니 욕심이 잉태한즉 죄를 낳고 죄가 장성한즉 사망을 낳느니라"고 했습니다. 사울 왕이 하나님 말씀에 불순종한 것도, 교만해진 것도, 회개하지 못한 것도, 하나님의 영광을 가로챈 것도 바로 욕심 때문이었습니다. 욕심에서부터 모든 죄가 시작된다는 것입니다.

열왕기상 21장에 나오는 아합 왕도 욕심 때문에 망한 사람입니다. 그는 정말로 아쉬울 게 없는 사람이었습니다. 그런데 왕궁 근처에 있는 나봇의 포도원을 욕심냅니다. 욕심이 들어오니까 그때부터 스스로 불행해지기 시작합니다. 밥맛도 없고, 삶의 의욕도 없어졌습니다. 나봇보다 몇 천 배, 몇 만 배를 더 소유하고 있으면서도 나봇의 포도원 하나를 못 가져 안달이 났던 것입니다. 아합 왕은 결국 부인 이세벨의 충동질로 나봇을 죽이고 그 포도원을 차지합니다. 그러나 포도원을 차지하고도 그는 만족하지 못했습니다. 결국 그 사건 때문에 하나님 앞에 저주를 받고 아합 왕의 왕가는 쇠락의 길로 걸어가게 됩니다. 욕심은 멀쩡하던 사람도 한순간에 불행하게 만듭니다. 그렇다면 어떻게 욕심에 매이지 아니하고 자유한 사람이 될 수 있을까요?

자유한 사람이 되려면 첫 번째로 자족하기를 배워야 합니다. "내가 궁핍하므로 말하는 것이 아니니라 어떠한 형편에든지 나는 자족하기를 배웠노니 나는 비천에 처할 줄도 알고 풍부에 처할 줄도 알아 모든 일 곧 배부름과 배고픔과 풍부와 궁핍에도 처할 줄 아는 일체의 비결을 배웠노라 내게 능력 주시는 자 안에서 내가 모든 것을 할 수 있느니라"(빌 4:11~13). 우리는 항상 자족하는 법을 배워나가야 합니다.

잠언서 30장 7~9절에 아굴의 유명한 기도가 나옵니다. 아굴은 두 가지를 기도했습니다. "헛된 것과 거짓말을 내게서 멀리 하옵시며 나를 가난하게도 마옵시고 부하게도 마옵시고 오직 필요한 양식으로 나를 먹이시옵소서." 우리는 일용한 양식에 만족하며 살아갈 수 있어야 합니다. 제자들이 예수님께 "요한의 제자들에게 기도를 가르쳐준 것처럼 우리에게도 기도를 가르쳐 달라"고 요구합니다. 그때 예수님이 가르쳐주신 기도가 바로 "일용한 양식을 주옵소서"라는 기도였습니다. 무엇을 먹을까, 입을까, 마실까를 염려하지 말라는 것입니다. 하나님은 필요한 걸 알아서 더하여 주시는 분이시므로 일체에 이 자족하는 법을 배워 나가라는 것입니다. 필요한 만큼만 구하라는 것입니다.

출애굽 여정 40년 동안 하나님께서 이스라엘 백성들에게 만나를 내리십니다. 가나안 땅에 들어가서 첫 해에 소출을 얻을 때까지 하나님은 만나를 책임져 주십니다. 그런데 만나를 거둘 때 어땠습니까? "오멜로 되어본 즉 많이 거둔 자도 남음이 없고, 적게 거둔 자도 부족함이 없이 각 사람은 먹을 만큼만 거두었더라"고 합니다. 이것이 하나님을 믿는 믿음입니다. 욕심을 버리는 것이 자족하는 비결입니다.

디모데전서 6장 6절 말씀에 "자족하는 마음이 있으면 경건은 큰 이익이 되느니라"라고 했습니다. 우리가 세상에 아무것도 가지고 온 것이 없으므로 가지고 갈 것도 없으므로 먹을 것과 입을 것이 있는 즉 족한 줄 알라는 말씀입니다.

두 번째로 하나님 한 분만으로 만족해야 합니다. 시편 23편 1절에 "여호와는 나의 목자시니 내게 부족함이 없으리로다"라는 다윗의 고백이 있습니다. 이 고백은 다윗이 왕궁에서 편안하게 있을 때 한 것이 아니었습니다. 사울 왕에게 도망 다니면서 죽을 고비를 아홉 번이나 넘기면서 한 고백입니다. 3천 명의 군사가 쫓아오는데 그런 상황 속에서도 주님이 나의 목자가 되시고, 나는 양이니까 주님 때문에 부족함이 없다는 고백입니다. 우리의 삶도 이러해야 합니다.

그래서 하박국 선지자는 3장 17~18절에 "비록 무화과나무가 무성하지 못하며 포도나무에 열매가 없으며 감람나무에 소출이 없으며 밭에 먹을 것이 없으며 우리에 양이 없으며 외양간에 소가 없을지라도 나는 여호와로 말미암아 즐거워하며 나의 구원의 하나님으로 말미암아 기뻐하리로다"라고 고백하고 있는 것입니다.

세 번째로 자유한 삶을 살기 위해서는 성령의 인도를 따라야 합니다. 갈라디아서 5장 16절에 "내가 이르노니 너희는 성령을 따라 행하라 그리하면 육체의 욕심을 이루지 아니하리라"고 합니다. 육체의 욕심을 이루지 않는 것은 성령의 충만함을 받아 성령을 따라 행하는 것입니다. 이때 육체의 욕심을 이루지 않고 진정한 경건에, 참된 경건에 이르게 되며 모든 죄로부터 자유해지는 것입니다. 요한복음 8장 32절 말씀에 "진리를 알지니 진리가 너희를 자유롭게 하리라"고 합니다. 그런데 이 진리는 '성령'을 이야기합니다. 요한복음 16장 13절에 "그러나 진리의 성령이 오시면 그가 너희를 모든 진리 가운데로 인도하시리니"라고 합니다. 성령이 내 안에 계시면 욕심에 매이지 않고 자유해지는 것입니다. 죄로부터 자유로워질 수 있습니다.

성도는 육체와 함께 정과 욕심을 십자가에 못 박은 사람들입니다. 그러나 죄의 성향은 여전히 남아 있어 우리 안에서 끊임없이 탐심, 욕심이 나옵니다. 그것이 바로 우상숭배입니다. 그래서 잠시라도 방심해서는 안 됩니다. 날마다 내 자신을 십자가에 못 박아야 합니다. 영성생활에 나태해지고 기도생활, 말씀묵상에 게을러지다 보면 하나님 말씀에 불순종하게 되고, 욕심에 매이게 됩니다. 교만하게 되고, 온전한 회개생활을 하지 못하게 된다는 것입니다. 그러므로 받은 복을 지속적으로 누리고 더 풍성하게 받으려면, 더 나아가 하나님의 큰일을 행하며 참된 경건에 이르는 자가 되려면 욕심으로부터 자유로워져야 합니다. 참된 경건과 자유함에 이를 때 우리는 하나님의 일을 더 크게 감당할 수 있습니다.

복을 누리느냐, 잃어버리느냐는 자족과 욕심의 차이입니다.